モテる
仕事論

TOBA SHUSAKU
•
MOTERU
SHIGOTO-RON

鳥羽周作

幻冬舎

モテる
仕事論

まえがき

人生における「モテる」は、すごく大事なことです。それは恋愛でも大事ですが、仕事でもそう。自分が何かを成し遂げたい時、「誰と、どのように」ということは、必ずついてきます。そこでモテないと、決して自己実現できません。

そもそも「モテる」とは、どういうことでしょう。僕は昔、モテるとは、たくさんの女性に好かれることだと思っていました。でも大人になって仕事をするようになって、どんなに多くの人に好きと言われても、自分がいいと思う人に言われないと意味がないことに気付いたのです。

結局、すべては「人と人」ということです。自分の意中の人に「この人と仕事をしたい」「この人のお店に行きたい」、そう思ってもらうことで、物事はいい方向へ動き始める。僕があるクライアントさんと仕事がしたいと思った時、いかに自分がそのクライアントさんのことを好きか、強い思いを持っているかを伝える。それがとても大事なのです。そのために、相手がしてもらったらうれしいことを想像しまくって、きちんと言葉と行動で示していく。それが「モテる」ということです。僕の店『sio』の場合だと、センスのいい人に来てほしい、つまり、そういう人にモテたいと思う。では、そういう人の共感を得るためにはどうすればいいか。そこから発想し、すべてをそこに帰着させます。

だから幅広くモテるのではなく、〝自分が狙った人〟にどうモテていくかを考えないといけない。

僕の場合だと、自分がモテたいと思っていない人にモテてもあまりうれしくない。ライフスタイルや趣味の洗練された、センスのいい人にモテたいと思う。そしてそこをブレさせないことで成功につながる。その確信が、自分の経験からあります。

誰にモテたいかをブレさせなければ、そこから何をすべきかは自《おの》ずと決まります。相手は絞った方がいい。その方が、当然やるべきことがはっきりします。

つまり、恋愛も仕事も、どうすれば「モテる」かをベースにすればうまくいくということです。相手に思いを馳せながら、その思いを相手に伝えたり、行動で示したりする点で確かに二つはよく似ています。恋愛で本当に好きな相手に対しては、誰でも大きな熱量を持って、きめ細かな行動をとります。それと同じようにすれば、仕事での成功率もグッと上がります。その理由は、恋愛も仕事も人間関係だからです。人間関係が円滑になれば、すべてはうまくいきます。そのことをキャッチーでわかりやすくするためのワードが「モテる」ということです。

「モテる」とは、相手に興味を持ってもらうこと。「この人、いいな」「この人と仕事をしたいな」と思ってもらうこと。そのためにはじっとしているのではなく、積極的に動いたり、相手に働きかけたりしないといけない。そうすれば、必ず相手の心は動きます。

また、「モテる」というワードですが、普通は「モテたい」という願望を意味していることが多い気がします。特に恋愛で用いられる場合はそうです。でも、それではダメなのではないでしょうか。願望は願望にすぎません。かなうこともあるかもしれませんが、かなわないことの方が多いでしょう。それは方法論がないからです。僕の言う「モテる」は願望ではありません。しっかりした方法論があるので、確実性があります。だから僕の「モテる」は、必ず成就する断言と受け取ってほしいと思います。

この本で僕は、皆さんがモテるためのヒントを、自分のエピソードを交えながら、ロジカルにお話ししようと思います。

例えば営業担当の人なら、僕がこの本で語るヒントをもとに、「どうすればお客さんにモテるか」というシンプルな発想で仕事に取り組んでほしい。そうすれば営業やプレゼンの仕方が必ず変わります。

その結果、今よりも確実に精度の高い仕事ができるようになります。そうなれば給料も上がるし、出世もできる。つまりその人は、本当にハッピーになれるということです。

本書を読み終えて僕の方法論を実践した人の輝くような笑顔を見ることが、今から楽しみです。

目次

第2章 モテる人間になるための秘訣

第3章 モテる仕事のテクニック

第4章 できるかできないかじゃない、やるかやらないか

装丁　水戸部功
DTP　美創
構成　前田正志

第１章

すべては
愛と想像力から
始まる

相手に対する想像力を発揮する

相手に対する想像力を最大限に発揮し、相手が大事にしていることを理解し、それを褒め、やるべきことを順序立てて行う。そうすれば相手に好かれるし、必ず「モテ」ます。すべてはこれにつきると思います。

目的のゴールは、例えば恋愛の場合は「この人と付き合いたい」と思ってもらうこと、仕事の場合は「この人と仕事をしたい」と思ってもらうことです。自分の中でそういう方法が確立されると、再現性が出てきます。

恋愛の場合は、あまり何度も使うことはないかもしれませんが、仕事の場合は、より多くの人とたくさんかかわらなければならないので、方法を確立させることはとても重要です。

まず誰と仕事をしたいかを決め、その人が何を大事にしているかを調べ上げます。そして相手のいいところをロジカルに伝えた上で、「僕ならこんなことができます」

と情熱をもって提示します。

そんな風に、ほかの人なら入っていけないところまで入っていけば、まず間違いなく成功します。

ビジネスなど、人と何かをする場合、自分ではなく、まず相手のことを考える。その場で求められているものは何かを常に考え、それを提示することが大事だと思います。

恋愛でもそうです。女性は聞き上手な男性の方が好きなようです。おそらくその理由は、自分が尊重されていると感じるからでしょう。

僕は割とよくしゃべる方ですが、それでも女性が話し出すと、「そうだよね」とか「そこをわかってもらえると全然違うよね」という風に、聞き役に回ります。結局仕事も恋愛もクライアントワークなのだと僕は思います。

愛とは、相手に対する熱意のことです。そして何か成し遂げたいことがあれば、それを胸に秘めるより、口に出す方がいいと思います。

昔、うちの店に突然、サッカー元日本代表の中田英寿さんが来てくれたことがあります。

僕は料理人になる前は、プロのサッカー選手を目指していたということもあり、中田さんはずっと会いたかった人でした。

だから僕はある時期、中田英寿さんに会ってみたいと、会う人会う人に何かにつけて話していました。するとそれから3か月くらいして、本当に店に来てくれたのです。

なぜ中田さんが来てくれたかというと、僕が会いたがっていたことを聞いたある方が、「鳥羽さんっていうシェフがいるんだけど、その人が中田さんの大ファンで、すごく会いたいって言っていたよ」と、何かの機会に中田さんに言ってくれたのです。

僕にはこういうことが、これまで何度もありました。なぜそういうことが起きるのかというと、やはり熱意のたまものだと思います。それも漠然としたものではいけません。情熱と覚悟、そして「貫徹」する意志が大事です。

貫徹とは、できるまで貫くこと。それほど強い意志を持っていれば、自分から離れたところでも、必ず物事は実現へ向かいます。

僕は、ニューバランスのスニーカーが大好きで、ずっと愛用しています。いっときは、毎月6足ほど買っていたこともあります。

　ある時、僕の思いが通じてニューバランスの方にプレゼンする機会をいただけることになりました。初めて先方にお会いした時、最初は用意したプレゼンの資料を出しませんでした。

「僕は、本当にニューバランスさんが好きなんですよね。今日もこうして履いてきました」

　こう言って僕は、自分の足元を見せます。すると当然、向こうの方は笑顔になります。

「あ、ほんとだ。ありがとうございます！」

　この時点で向こうは、僕の熱量にすでに打たれています。そこで僕はおもむろに企画書を取り出します。

「一緒にお仕事をさせていただけたらと思って、企画書を作ってきたんですけど、お目通しいただけませんか」

　そしてニューバランスの方が企画書に目を通し始めると、僕はこう言いました。

「僕はニューバランスさんの、単に流行を追いかけるのではなく、本質を追求しているところが大好きなんです。僕の料理も流行の盛り付けをしているわけじゃないし、わかりやすい下品な味にする気もないです。本質と向き合って、丁寧に取り組んでいらっしゃるところが、僕とよく似ていると、僭越《せんえつ》ながら思っているんです」

相手が何を大切にしているかをきめ細かく、きちんと理解した上で、そこをリスペクトすることが大事です。そうすれば必ず相手に刺さり、こちらの考えていることは実現します。

僕が、大好きなニューバランスのスニーカーをお金がなくても買い続けたことは、いわば投資です。また、無理して買い続けてきたことが、僕の自信にもなっていました。これだけの熱意を持っているのだから、必ずいつか思いは通じる。僕はそう信じて疑っていませんでした。

もちろんそういう僕を見て、「やめとけよ」と言う人もいます。でも僕は聞く耳を持ちません。自分にしかわからない感覚でやっているのだから、人に何と言われようと関係ありません。

そのような揺るぎない気持ちこそが、物事を成就させるのだと思います。

お客様に「モテる」コツ

僕は店のお客様にも、もちろん細かく神経を遣うし、スタッフにもいつもそうするように言っています。特にカップルには気を遣います。恋愛には、いろんな局面があるからです。

今そのカップルがどういう局面にあるかは、お客様を見れば感覚的にすぐわかります。男性が女性を口説こうとしている。付き合い始めで、すごく盛り上がっている。倦怠感があり、別れ話が始まりそうだ等々。

なぜカップルのムードに敏感かというと、料理を出すタイミングを計っているからです。どんな場合でも、二人の空気の邪魔にならないように料理を出さなければならない。それはホスピタリティの鉄則だと僕は思います。

僕やうちのスタッフは、お客様がお見えになると、失礼にならない程度に、お客様の服装や持ち物を見ます。そこにお客様の好みや、どういう目的で来られたかなどが表れるからです。

また会話や様子などにも注意します。それらの情報から総合的に、どのスタッフに対応させるのがいいのかを判断します。

例えば、グラスを回しながらワインを味わっているお客様には、ワインに詳しいスタッフを向けるし、カップルで女性が下座に座っているお客様、つまり男性があまり女性に慣れていらっしゃらないような場合には、緊張しないよう、カジュアルな対応を心がけたりします。

こういうことは接客だけでなく、恋愛にも当てはまります。

僕はやはり人生というものは、モテないとつまらないと思います。モテるために重要なことは、多くの人が誤解していますが、決して容姿ではありません。相手が何を求めているかに気付き、そこにうまく適応できる人がモテるのです。そうなるためには、やはり努力の積み重ねしかありません。

最初のデートで、女性にプレゼントを渡すような男性は、まずモテません。デートで相手の好みをつかみ、その次に、そこにぴったりなものをプレゼントする方が、喜ばれる確率が高いと思います。

車の運転でも、隣に座っている女性に気を遣いながら運転する男性はモテます。料理人でも、本当に料理のうまい人は男女を問わずモテます。

すべては相手に対する愛と想像力の問題なのです。逆に承認欲求のみで、「俺の料理、うまいだろ」みたいな人はモテません。

「自分はなぜモテないんだろう」という人は、相手をもてなすことに徹すればいい。電話やメールも、相手への気遣いを忘れず、丁寧にする。一緒に食事する時、女性の食べる速度が遅かったら、こちらもそれに合わせてあげる。そういう気遣いをコンスタントにやり続ければ、必ず相手の気持ちは傾いてきます。

もちろん、生まれながらにモテる人もいます。でも、そういう人は自分のカッコよさにあぐらをかき、気遣いや努力を怠っていることも多い。カッコよさだけでは、いつか飽きられます。本当に相手に愛され続けたいなら、一にも二にも気遣いを忘れず、優しい人であり続けること。これに勝るものはありません。

恋愛も仕事も、結局どれだけ相手に対し、無償の愛を持てるかだと僕は思います。無償の愛があれば、観察力や想像力が働きます。それが働くことで、相手を喜ばせられる。

例えば女の子にプレゼントする時、「この人は普段、こういうブランドの服を着ている」とか「こういう服が好みなんだな」というのが観察力。それを踏まえて、「何をあげたら、どんな風に喜ぶだろう」と思い浮かべるのが想像力。この二つは愛という源から出てきます。

会話でもそうです。好きな相手の心をつかむには、相手が喜ぶことを言った方がいいに決まっている。その喜ぶことは、相手を観察しないとわかりません。また観察だけでなく、経験も物を言います。

相手が主婦の場合、家事が当たり前と思われていることがつらいはずです。夫からは感謝の一言もないし、子供からは文句を言われる。お金をもらえるわけでもないのに、とにかくやらなければならない。

そういう人には「そんなの全然当たり前じゃないよ。本当にすごいことだよ。いつもお疲れ様」と言って、寄り添ってあげるべきです。

あるいは自分に好きな人がいて、その人に告白したとします。でも、その人に「ごめんなさい、あなたの気持ちには応えられない」と言われたら、たいていの人はそこであきらめるのではないでしょうか。「付き合ってくれないのなら、もういいや」という気持ちになると思います。

でも僕は違います。「人として尊敬しているので、支え続けます」と相手に言います。

この気持ちがとても大事だと思います。なぜなら、それが本当の愛だからです。

人生最初の勝負に勝った日

僕がこういう考え方になれたのは、この本の出版元である幻冬舎の社長・見城徹《とおる》さんのおかげです。

見城さんと初めてお会いしたのは、見城さんが司会を務められていたAbema TVの番組『徹の部屋』でのこと。その番組に料理コーナーがあって、そこに呼んでいただいたのです。

『徹の部屋』に出させてもらった時、僕はもう生きるか死ぬかが今日決まるぐらいの気持ちで臨みました。

『徹の部屋』に出演したシェフで僕のような気持ちだった人は、ほかにはいないでしょう。あれが僕にとって、たぶん人生で最初の勝負でした。

番組に出演するにあたって、僕は徹底的に見城さんについて調べました。見城さんの本をすべて熟読し、見城さんをよく知っている知人に、時間に厳しいことや、好きな食べ物などを詳しく聞いて、見城さんの人物像をしっかり作り上げたりしました。

見城さんに会う直前は、本当に武者震いがしました。見城さんに認められるか認められないかで、自分の人生は変わるのだと思いました（その後、実際に変わりました）。

で、お出ししたのは、今でも看板メニューのしらすご飯と、フォアグラのムースをマカロン風にして、盆栽のように仕立てたもの。すると見城さんはめちゃくちゃ気に入ってくれ、お土産にもたくさん持って帰ってくださいました。

普通は3分くらいで料理の内容を説明して終わるところが、僕も覚悟を決めて、15分居座りました。

そして、うれしいことに、のちに見城さんは番組全44回のうち、僕の料理が一番おいしかったと言ってくださいました。

僕が『徹の部屋』に出させていただいた直後、見城さんから『sio』に予約が入ります。見城さんが『徹の部屋』に出演したシェフの店で予約を取ったのは、僕が初めてだったそうです。あの素晴らしいスピード感が、おそらく僕の人生の転機になりました。

それから見城さんはよく僕の店に来てくださるようになりました。見城さんは「755」というSNSをされているので、お店に予約が入ったらまず、見城さんがこの1週間、何を食べていらっしゃったのかをチェックします。またピザとハンバーグとカルボナーラがお好きなので、それに寄せた料理も準備します。

そして、いらっしゃると、「鳥羽、今日もおいしかったよ」と言ってくださり、僕はうれしさと緊張感からの解放で、そのたびに従業員みんなを連れて焼肉屋に行き、祝杯を挙げました。

見城さんは、僕を「料理界のダルビッシュ」と言ってくれます。

ダルビッシュ有《ゆう》投手は、WBCの時、一戦一戦骨身を削り、血を流して戦っている一方で、13種類の変化球の握り方から投げ方まで、余すところなく同僚のピッチャーに教えていたそうです。そんな彼の生き方を、僕に重ねてくれたことに心の底から感激しました。

ターゲットを丸裸にする

コラボさせていただく企業へプレゼンする時は、細かい情報収集が欠かせません。関連する本をすべて読み、徹底的に調べ上げます。

すると、相手が何を大事にしているのか、何を課題にしているのかがわかってきます。その上でプレゼンを組み立てると、たいてい成功します。

逆にそれを怠ると、話になりません。薄氷を踏むようなことになる。相手を徹底して調べることは愛です。それは相手への興味を持つことだからです。

例えば、コンビニのお仕事をさせていただく場合、まずお店に足を運び、どういう商品がいくらで売られているかを全部調べます。

コンビニのお弁当は2週間に1回のサイクルで変わるのですが、何がどう変わったのかもチェックします。商品の種類と値段を調べるだけではありません。お客さんがどういう商品を見て、何を買うかもチェックします。そんな風に、社員よりも詳しくなるぐらい調べます。その上でプレゼンに臨みます。

あらかじめ相手の会社のホームページをチェックすることも欠かせません。例えばすかいらーくさんと仕事をする場合、「御社がその社名（skylarkは、『ひばり』を意味する英単語）で、ひばりのマークなのは、1号店がひばりヶ丘だからですよね」とサラリと言ったりすると、相手の顔に笑みが浮かび上がります。

実際、すべての人は情報の集まりです。初対面の人でもいろんな情報がある。服装、靴、時計、スマホのデコレーション……。うちの店にお客さんがいらしたら、まずそういうところを見ます。

うちの店で言うと、お客さんが前回何を食べたかを記録しておくこともそう。コーヒーにミルクを入れるのか入れないのかといった細かいことを記録に残して、それを次に反映させる。

例えば、すごいお金持ちでも、あまり服装を気にしない人もいたりする。そういう人だと、内面的なところに大事にしているものがあるはずです。

丸の内のイタリアンレストラン『o/sio』を始める時も、下調べをして、ものすごく勉強しました。

カジュアルなイタリアンレストランに、クラシックかつマニアックな要素を組み合わせれば絶対に流行《はや》ると思ったので、20冊ほど関連する本を買って、読み込みました。

一口にイタリアンレストランと言っても、いろんなものがあります。新しい店を始めるとしたら、誰でも今流行っている店を真似ようと思うでしょう。でもそれではいけません。その流行っている店は、本場の本格的な店を真似ただけかもしれない。

そして本格的な店には、必ずルーツがあります。何かをベースにいろんな要素を組み合わせていたりします。

それを洗い出す一方で、ほかには、イタリアンにどんな歴史や文化があるかを勉強します。そしてそれらを組み合わせ、自分なりのニュアンスを持った業態を考えます。それは間違いなく、新しいものになります。

日本人として料理をやるからにはと思い、僕は日本の料理の歴史についても深く勉強しました。日本で料理について、最初に思想として考えたのは、鎌倉時代の禅僧道《どう》元《げん》と言われています。そこから千利休、北大路魯山人《きたおおじろさんじん》という流れがあります。千利休もそうですが、魯山人も、料理だけでなく、器を大変重視しました。特に魯山人は、こだわりがすごく強かった人。

「器は料理における着物。器なくして料理はありえない」「器の美を食う」などと語り、自身のかかわる料亭だけでなく、家庭の食事でも器にこだわったと言います。

そこまで徹底していたからこそ、自分をブランディングできたのですが、一方、まわりの反感を買うわけで、自分が顧問兼料理長を務める料亭「星岡茶寮《ほしがおかさりょう》」を追い出されたりしています。ほかにも納豆をおいしくするため、何百回もかき回してから食べたなど、いろんな突き抜けたエピソードが残っています。

千利休についても、たくさんのエピソードが残されていますが、それによって本人がブランディングされている側面もあると思います。

つまり彼らは偉大なアーティストであると同時に、優れたビジネスパーソンだったのではないでしょうか。これは僕の勝手な理解かもしれませんが、そんな風に捉《とら》えると、とても面白いと思います。

クレームは愛の裏返し、ピンチはチャンス

うちの店にも、お客さんからクレームが来ることはあります。そして僕は、クレーム対応が非常に得意です。実際、店にクレームが来たら、大体僕が対応します。

クレームを言うお客さんに対して、僕からの第一声は決まっています。

「ありがとうございます!」

そしてこう続けます。

「それほど我々のことを思って怒っていただき、本当にありがとうございます。普通は面倒臭くてそこまで言ってくださる方は滅多にいないのに、わざわざ言ってくださり、感謝しかありません。次からは必ず対策をして、二度とないようにします。ですので、お客様もぜひまたいらしてください」

誠心誠意応えれば、ほとんどのお客様は受け入れてくださり、最終的にはファンになってくれます。つまり、クレームを受ける時は、新たなファンを作るチャンスでも

あるのです。

クレームを言うお客様の中には、必ず「こうしてほしかった」という思いがあります。その思いを受け止めて改善することを、僕はほかのさまざまなことと同じ次元で捉えます。それは僕がビジネスにとって何より大事だと考える「愛と想像力」の問題だからです。

そもそもクレームも、ある種の愛だと僕は思います。愛の裏返しこそがクレームです。そこをくみ取ることができれば、クレーム対応はそれほど大変なことではないと僕は思います。

以前、ある飲食チェーンとコラボした時、初日に200件くらいクレームが来たことがあります。あるはずの商品が置いていないとか、サンプルと実物が違うとか。

僕は基本的にはアイデアを提供する立場だったのですが、SNSをしていたから、クレームが僕のところにも全国からたくさん来ました。その一つ一つに、どこのお店か聞いて、「お店と共有します。すみませんでした」と謝りました。

SNSのアンチへの対応も、これと同じです。「アンチはかまってほしいだけなのだから、スルーが一番」と言う人もいますが、僕はそうは思いません。

アンチもクレーマーと同じく、心の底には愛がある場合もあります。嫌悪の裏返しは、愛だと僕は思います。だからアンチの方にむしろ愛を持って接すれば、やがてファンになってくれることがすごく多い。

またSNSは、一対一ではありません。その人とのやり取りは、ほかの大勢の人も見ています。なのでアンチへの対応は、自分の価値基準や度量を示せる機会とも言えます。

対応する時は、決して否定的なことは言いません。「そういう考えもあると思うけど、僕はこう考えます」というような言い方をします。

するとたいてい「汚い言葉を使って、すみませんでした」と返ってきて、ファンになってくれます。やはり、何事も愛を持って接するのは、とても大事なのです。

前にSNSで、「お前、禊《みそぎ》もすませていないのに、レシピの投稿してんなよ」と言われたことがあります。それに対しても、怒らず感謝の言葉を添えて、引用リポストしました。

また、僕がSNSでよく使う、ヤバいをもじった「トバい」という言葉が鼻につく、という投稿を見かけた時は、こんな言葉をつけて引用リポストしました。

〈鼻についてしまってすみません。だけど、作っていただけて、めちゃくちゃうれしいです。ありがとうございます〉

するとこう返ってきました。

〈トバい、深いですね。自分で作って食し、いろんなことが伝わりました。もう鼻についてませんよ〉

どちらの場合も、もし僕が「うるせーよ、お前」と、やったりすると、おかしなことになってしまう。そうせずにあえて感謝すると、すべてうまくいく。それを見たほかの人が、こんな投稿をしていました。

〈鳥羽さんは抱き込み方がすごい。そりゃモテるよ、この人〉

自分にネガティブなことを言ってきたり、攻撃してきたりする人には、すべて感謝のスタンスを持つ。いい意見も悪い意見も、自分に矢印が向いている点は同じです。それをベースにして、すべてに対し、感謝することが大事。そういう姿勢を取っていると、まわりは必ずいい評価をしてくれます。

心に余裕を持ち、世の中に感謝する

僕はうちのスタッフに対しても、同じような姿勢で臨んでいます。活気があるスタッフには大きな仕事を任せるし、最近元気がないスタッフには声をかけ、腹を割って話を聞くようにしています。

もちろん他人を気にかけるのは、余裕がないとできません。僕も下積みの頃は、人を思いやる余裕はありませんでした。毎日、目の前のことに追われ続けていました。お客さんのことを考えて、料理を作ることなどできませんでした。

僕に余裕ができたのは、シェフになってしばらくしてからです。余裕ができて初めて、お客さんを喜ばせようという気持ちになりました。下働きでニンジンをみじん切りにしていた頃そういう気持ちはありませんでしたが、シェフになって喜ばせる対象ができ、そういう気持ちになれました。

余裕がない人は、他人に優しくなんかできません。自分のことでいっぱいで、人のことなど考えられない。これは世の中全般に言えることです。お金のない人は寄付などできません。自分に余裕ができることが、人を幸せにする上で欠かせないと思います。

そのためには、まず自分に力をつけること。そこからすべては始まります。

自分に力がつくと、自分でルールが決められるようになります。そうなって初めて余裕が生まれる。いわゆる「やらされている」状態ではなく、自ら進んでやるようになる。そういう積極的な姿勢に付随するかたちで、ゆとりが出てくるのだと思います。

余裕ができると、相手の心が読めるようになります。漫画『ドラゴンボール』に、離れたところから相手の強さを計測できるスカウターという装置が出てきますが、ちょうどあんな感じです。部下、上司、取引先……。余裕というスカウターがあれば、相手の心を可視化でき、仕事がうまく進みます。もちろん恋愛でもそうです。恋を成就させたいなら、相手の心を読むことが必須だと思います。

この人は今、何を言ってほしいのだろう。何を求めているのだろう。どんな課題を抱えているのだろう。それを理解し、適切な答えを提示してあげれば、間違いなく人の心はつかめます。

話しているうちに、「この人、何かモヤモヤしているな」と思う。こちらに余裕があれば、だんだん的が絞られてくる。そこにぴったり当てはまることを言ってあげればいい。

僕はたまたま知り合った人にも、そんな感じで向き合うことがよくあります。

少し前、うちの社員数人と行った焼肉屋で、そこのバイトの男の子にすごく熱く語って、みんなに呆れられたことがあります。ちょっと仕事に不満を抱えている感じの男の子だったので、「君、将来どうするの?」と尋ね、その子の身になって考え、いろいろアドバイスしてしまったのです。

すると、ほかの席から「ねえ、コーラまだあ?」と、男の子に声がかかりました。何かその子の仕事の邪魔をしたみたいで、僕は平謝りしました。

結局余裕がないと、絶対にモテません。女性とご飯を食べに行く約束をして、当日その女性が「急に予定が入って行けない」と言ってきたとします。その時「君、何なの」と怒ってしまうような男は、まずモテません。

相手が大事にしているものを「言語化」する

人は自分のことをわかってくれると思うと、自分を託したくなります。

僕の場合だと、僕の作った料理を食べた人に、全く見当違いのことを言われたら「わかってないな。この人と仕事はしたくないな」と思う。スーパーで買ってきたレモンなのに「このレモンすごくおいしいですね」と言われたら、「何言ってんだろう」と思っちゃうわけです。

相手が大事にしているものを、自分が理解していることを言葉できちんと伝えると、相手は「自分をわかってくれているな」と思う。その作業は、次のステップに進むために必要不可欠。それがわからない人に、その先はないと思います。

相手のよさの言語化は、相手をよく見ていないとできません。

例えば、陶芸家の方に、うちの店の食器をお願いする場合を例に取りましょう。

陶芸家は気難しい人が多く、たいてい最初は、すごく警戒されます。でもしばらく話しているうちに、「冷たそうに見えるお皿だけど、これ、実はあったかいですよね」などと言うと、驚きながら「え、わかってもらえます?」と返ってきたりする。その辺から感触が変わってきて、話がうまくいったことが数回ありました。そういう経験が僕の中に蓄積され、確信に変わったのだと思います。

また、レストランに置く家具も同様です。

僕のレストランでは、マルニ木工さんという、広島に本社のある木工家具ブランドの椅子を使っています。その椅子はとにかくなめらかで、座り心地が素晴らしい。なぜなら、木を磨く高い技術を持った職人さんがいるからです(実際に僕は工場を見学させてもらい、職人さんの仕事ぶりを見せていただきました)。

たいていのレストランは、椅子にクッションを置きますが、僕はそのなめらかさをお客さんに感じてほしいため、クッションを置きません。僕がマルニ木工さんに椅子をオーダーする時、「クッションをつけますか?」と言われたので、「あんなに素晴らしい磨きの技術をお持ちの方が丁寧に仕事した椅子に、僕はクッションなんか付けられません」と言ったら、「そんなことを言ってくれる人は、鳥羽さんだけです」と感激され、それ以来、ものすごく親密になりました。

相手の心をつかむために必要なのは、やはり下調べ。相手がどういう人かどんな会社か、そして何を大事にしているか、何を好きなのか、徹底的に調べます。

それを踏まえて、調べて得た知識を相手にうまく伝える能力も必要。そのためには知識をきめ細かく捉えた上で、それを言語化することが大事です。

僕がもし、あるレトルトカレーの会社と仕事をしたいと思ったら、まず日本のレトルトカレーを全部取り寄せ、実食して研究します。

すると、いろいろ細かいことがわかってくる。全部に共通する点、商品によって異なる点、売れている商品の特長、自分が漠然と考えていたのとは違っている点などが見えてきます。

すると、自然と先方の特長もつかめます。「御社の商品の特長は、肉ににおいがなく柔らかいところ。レトルトでこんな肉、ほかではありませんよね」と言うと、先方は笑顔で「わかってもらえますか、うちの技術」ということになるはずです。

相手を知るには、その構成要素を細かく分解することも大事です。

例えばラーメン屋さんなら、スープ、麺、香り、温度など。そしてそのお店が特に大事にしているのが、麺の香りとスープの味の濃さなら、「この温度でこんなにクリアな麺とスープを出すところ、ちょっとないですよね」と言えば、一緒に仕事をしていいと思ってもらえる最低ラインはクリアできる。

その上で「僕なら、さらにこうします」という風にロジカルにこちらのやりたいことを提示し、こちらの熱量を伝えます。

ロジックと熱量、これが相手を口説く時に絶対必要なもの。どちらを先に見せるかは、僕は相手のタイプによって変えるようにしています。

また、何かを精度高く理解するためには、自分の感覚だけではいけません。自分の「いい、悪い」「好き、嫌い」だけだとどうしても、理解の精度が低くなる。

例えばある建築家さんと仕事をする話になった時、「○○さんって、すごく光の採り入れ方がいいですよね」と言ったとします。

確かに自分では、その人の光の採り入れ方がいいと思っても、その人がそれについてどういう考え方を持っているか、業界ではどういう評価をされているか、そもそも建築の世界で光を採り入れることは、どれくらい重要なことなのか——そういうことを理解し、言語化しなければならない。それがなく、自分の感覚だけだと、相手の心はつかめません。

うまく言葉で伝えられないと、「この人、俺の建築をわかってないんじゃないか」と思われてしまう。細かく理解していることが伝わると、「鳥羽さんはシェフで、別ジャンルの人なのに、そこまで理解してくれている」と相手は思ってくれる。それは結局こちらの愛が伝わるということで、「モテる」ことにつながります。

だから誰かにモテたいと思ったら、その人の土俵を知ることが大事。単にフィーリングだけ、「なんかいいですよね」だけでは難しい。

最近僕は、DJのMUROさんと仕事をしています。

もともと僕の姉がMUROさんの大ファンで、僕もその影響でファンになりました。僕が特に好きなのは、『Diggin' Ice 96』というミックステープ（アルバムよりも自由度の高い作品）。MUROさんはあるアーティストから選曲する場合、有名な曲だけでなく、有名じゃない曲も全部調べて、そのアルバムやミックステープにベストなものをチョイスします。

そしてぶつ切りではなく、曲と曲のつなぎが超滑らか。それはまるで一つのコース料理を食べているかのよう。一般的な食材ばかりじゃなくて、いろんな食材でコースを作っていくので、そういうところが僕と似ていると思いました。

また、同じ曲でもMUROさんがかけると、ピッチが変わり、全く雰囲気が変わります。そういうことをMUROさんは「そこをわかってくれる人、なかなかいないんですよ」と言ってくれ、仕事の依頼を引き受けてくれました。

仕事をしようと思う相手には、もちろん何か特長があります。それがあるから、こちらも何かをしようとするわけです。

実現につなげるためには、その特長に関する知識を細かい解像度をもって増やす。そして相手の大事にしている部分を理解し、言語化して、それを相手に伝えれば、プレゼンの勝率がすごく高くなります。

相手の課題を見つけてあげる

一緒に仕事をする場合は、相手の「課題」を見つけてあげることも大事です。

クライアントからコラボの依頼があった際、先方がこちらに求めていること、つまり「課題」がはっきりしていないこともよくあります。

そういう場合は、先方の課題をこちらがクリアにして、具体案を提示することが必要になります。そのためには、相手を調べて知り尽くさなければならない。そうしないと、課題は見えてきません。

例えば先方の企業が「主力商品の売り上げを、もうちょっと伸ばしたい」というような時。

その企業の売りたい商品が、朝の健康食品だとします。その場合、朝、簡単に作れて、バランスよく栄養が摂れるということが、商品の一般的な特性として挙げられるでしょう。一方で、その「おいしさ」がちゃんと消費者に伝わっていないという可能性がある。

そこで、どのタイミングで、どれくらいの量を、どういう食器とスプーンで食べたら「おいしい」のかを、明確に伝えることができれば、消費者は「味は変わっていないのに、おいしくなった」と感じ、売り上げがグンと伸びる可能性が出てきます。

例えばファミリーレストランとコラボの話が来た時、先方が「うちは味と値段と集客、それにオペレーション（目標達成に向けた取り組み）を大事にしています」と言ったとします。こちらは当然「では、それを最大化しましょう」ということになる。でもここまでは、すごくフワッとした話です。

ある日、すかいらーくの会長から直接、コラボレーションの依頼が届きました。僕のドキュメンタリー映画をたまたまご覧になったらしく、「ガストの命運をあなたに託したい」とおっしゃっていただいたのです。

そこで僕たちが提案したのが「感動ハンバーグ」。

ポイントは、ハンバーグという料理のおいしさを最大化し、さらにコース料理にしたこと。ファミリーレストランでコースが食べられるという感動を、お客様に体験していただくのが狙いでした。

「感動ハンバーグ」というネーミングも、インパクトがあったと思います。キャッチコピーは「ハンバーグで感動したこと、ありますか？」。

ところで皆さんは、ファミリーレストランで一番難しい料理は何だと思いますか？

それはステーキ。ファミリーレストランの場合、単価の安さは譲れません。ステーキはおいしくしようと思うと、いい肉を使うしかない。いい肉は当然高いので、ファミリーレストランでは厳しい。それなのにどこのメニューにも必ずステーキがあります。僕は、そこはもうほかの料理に置き換えるしかないと思う。僕たちがしたようにハンバーグを前面に押し出してもいいし、ポークやチキンを工夫してもいい。ファミリーレストランにおけるステーキの問題に、僕は早くから気付いていたので、それもまた課題だと思い、ステーキをしのぐ「感動ハンバーグ」の発想につながりました。

ある企業との仕事が決まることは、その企業に「モテた」ということです。そのため、相手の課題を見つける時は、他方で相手を褒めることも大事です。

以前あるファミリーレストランとの仕事の話が来た時、打ち合わせで僕は、そこの蕎麦をものすごく褒めたことがあります。それは本当にめちゃくちゃおいしかったからです。

こういう感動を伝えることが、僕は得意です。なぜなら、僕の料理をお客さんに感動してもらえた時のうれしさを、痛いほど知っているからです。自分の感動は素直に相手に伝えればいい。それはまず相手がこちらに「モテた」ことですが、向こうのうれしさは必ずこちらに返ってきます。つまり、結局こちらが「モテる」ことになります。

そう考えると「モテ」という考え方は、ほとんど万能です。

例えば僕がガストで提供した企画でお客さんが感動したら、ガストがモテたことになる。それはガストにもお客さんにもいいことです。そして僕もまた、お客さんにモテたわけです。その企画が成功したら、僕はもっとガストにモテることになる。

とにかくビジネスでは、相手にどう「モテる」かということを考えればいい。このシンプルな考えに徹すれば、仕事はスムーズに進むし、売り上げは必ず伸びます。

リピートされる人間になる

自分のビジネスがうまくいった、つまり「モテた」時、なぜモテたのかを知ることも重要です。

僕の場合だと、僕の店に初めて来て満足してもらったら、とりあえずはモテたと言えます。でも、それだけではダメです。その人にリピーターになってもらわなければいけません。リピートされてこそ、本当にモテたと言えます。

リピーターになってもらうためには熱量が必要。つまり、愛が必要ということです。これは仕事だけではなく、それ以外でも言える。相手といい関係を作ると、やはり選ばれやすくなる。ビジネスだと、もちろん結果が必要ですが、それだけではなく「この人、こんなことまでやってくれるんだ」という風に相手に思ってもらい、損得じゃない関係性を作ることがリピートには必要なんです。

僕の店でいうと、シンプルに料理がおいしいということは、当然大事ですが、食べ終わった後のアフタートークがめちゃくちゃ面白かったとか、対応がすごく優しかったとかいうことがあれば、リピートしてもらう確率がより高くなる。

仕事ではアフタートークがとても大事。僕の場合は、雑談の中に、自分の人となりや仕事に対する思いをサラッと入れることを心がけています。また、相手が好きそうな話題を感じ取って、そこへスッと入っていくこともよくあります。それについて僕が結構知識を持っていると、「え、鳥羽さん、そっちもいけちゃうんですか」ということになり、相手を引き付けられる。

僕は、センスというのは、おしゃれだとか、カッコいいってことじゃないと思っています。その場に、いいタイミングで物事をチョイスできることが、センスがあるということだと思う。

そういう意味では、相手にリピートしてもらいたい時、何を話したらいいかというセンスが必要。そのためにはやはり、相手の情報を得ることが大事です。どんな服を着ているのか、どんな音楽が好きか、どういう飲み物が好きかなど、いろいろあると思います。あらかじめリサーチしたり、会話の中から情報を得たりして、相手が喜びそうな話をすることが、アフタートークでは重要です。

世の中には、マーケティングの情報が溢れていますが、それは「モテる」ための入り口にすぎません。

僕はマーケティングがうまいとよく言われますが、マーケティングは、あくまできっかけにすぎません。それだけではモテたとは言えない。本当にモテるためには、リピーターを増やし、店を繁盛させなければなりません。

僕の店でいうと、SNSで見て、何か評判らしいから行ってみようかなというのが、マーケティング。行ってみたら、すごくおいしくて、サービスもよく、鳥羽さんのアフタートークも面白かった。そうなって、初めてリピートにつながります。

一度行っただけでは、もちろんリピートは確定しません。そこでの体験価値が、リピートするかどうかを決めるのです。

プレゼンも同じです。どれだけうまくマーケティングしても、プレゼン相手に好きになってもらわないと、仕事は決まらない。

「マーケティングがうまいから、店が流行っているんでしょ」という人がよくいますが、それは全然わかっていません。「モテる」ということを、わかっていないと思います。

ホストもそうではないでしょうか。最初の指名は、見た目や評判など、マーケティングで来るでしょう。でも、その客にリピートされるためには、接客中に心をつかまないといけない。それがモテるということです。結局モテるとは、リピートされることなのです。

第 2 章

モテる人間になるための秘訣

圧倒的努力で自分の才能を開花させる

あるジャンルに精通するというのは、知識と細かい目盛りの自分の物差しを持つこと。そういうものは、絶対に努力しないと得られません。僕は、才能はほとんど関係ないと思います。

才能やセンスというのは、「圧倒的な努力」の次のステップで出てくることではないでしょうか。

この「圧倒的な努力」という言葉を僕は、見城徹さんから教わりました。「圧倒的な努力は岩をもうがつ」。まさにその通りだと思います。それこそが不可能を可能にし、自分を超えさせます。

でもほとんどの人は、圧倒的な努力をする前に、才能やセンスの話を持ち出します。そこは明らかに順番が間違っていると思います。

実際僕は「自分はセンスがない」と言うスタッフに、よくこう言います。「いやいや、その前に死ぬほど努力しないとダメじゃない？」と。

「自分は才能やセンスがない」というのは、結局言い訳にすぎません。そこまでの努力はしたくないという怠慢の弁解にすぎない。

確かにたいていの仕事は、そこまで努力しなくても、一応はこなせます。しかし、圧倒的努力の果てには、今までとは全く違う風景と大きな実りがある。僕は未《いま》だそれを知らない人に向かって、そのことを言いたくて仕方ありません。

でもそんな人も、本当はそのことをわかっています。わかっているのに、やらないだけ。それはすごくもったいないことだと僕は思います。まず絶対に必要なのは、努力の量。それに思考をかけ合わせることで、大きな目標に向かって何かが積み上げられていきます。

努力とは、行動です。それがなく、頭であれこれ考えるだけでは、何も始まらないのです。

僕がいろんな新しい料理を次々に生み出せるようになったのは、ものすごい量の努力をしてきたからです。

以前は細かい要素をいろいろ組み合わせながら、意識的に考えていました。店の厨房や家の台所だけでなく、目につく食べ物すべてを毎日インプットし続け、常に考えていました。

例えばコンビニにお茶を買いに行っても、ほかの食品の棚を見ながら、「これとこれを組み合わせるといいんじゃないかな」と考えるようになった。そういうことをやり続けているうちに、いつしかスムーズに答えが出るようになりました。膨大なデータが脳に蓄積されると同時に、ロジックが出来上がり、どんどんアイデアが出るようになった。

それはやはり、細かい情報の膨大な積み重ねの結果です。店のメニューでも、クライアントのいる料理開発でも、自信に裏付けられた答えがスムーズに出てきます。

例えば一時期、コンビニエンスストアやチェーン店などから「月に一度アイデアを出してほしい」というようなオファーをたくさん受けましたが、少しも困りませんでした。変に気合いを入れたり、悩んだり、ストレスを感じたりすることもなかった。最初の頃は悩むこともありましたが、いつしかそういう段階は過ぎていました。どんなことでもクリエイティブというものは、そういう過程を経るのだと思います。

人には先天的な才能と後天的な才能があると僕は思います。先天的な才能には、カッコいいとかきれいだとかの容姿や、さまざまなセンスといったものがあります。でも、後天的な才能、つまり努力によって得た才能の方が息が長い。

僕は最近それを、いわゆるセンスと区別して、ハイブリッドセンスと呼んでいます。努力を重ねて得た才能は、先天的な才能を呼び覚ましてしまう。その二つが合わさったものがハイブリッドセンス。努力によって、元の才能に気付けるということです。

努力しない人は、それに気付けない。自分の才能に気付くことは、すごく大事です。そういう人は、自信がある。だから魅力的です。元からの才能ではなく、努力の結果得た才能だからこそ、強い自信になるのだと思います。

好きな相手からの誘いは断らない

ある時、見城さんは、こんなことを僕におっしゃいました。

「高杉晋作の言葉で、こういうのがある。『情けあるなら今宵来い。明日の朝なら誰も来る』。鳥羽は俺が来てくれって言ったら、必ず〈今宵〉来ると思っているんだよ」

僕も最近は以前より忙しくなったので、伺えない時もありますが、見城さんからお声がかかった時は、たとえ5分しか時間がなくても、伺うようにしています。それは見城さんに恩を売りたいからではなく、心の底から感謝の気持ちがあるからです。

だからといって、馴れ合いやべたべたしたお付き合いをするつもりはありません。いつも緊張感を持ってお付き合いをしたい。すると、どんな小さなことでも、達成感が生まれます。

「誠意とは無理をすることとスピード」。まさに見城さんのこの言葉通りだと思います。その人のためにどれだけ無理ができるか。それこそが関係の価値を測る目安になると思います。

これは恋愛でも同じではないでしょうか。

ものすごく好きな人ができたら、仕事を休んででも会いに行きたくなる。そして恋愛の芯には、必ず純粋でシンプルな愛があります。これは男女の関係にとどまらないものです。僕と見城さんの関係は、まさしく「愛」の関係なのだと思います。

この関係はおそらく、10年、20年経っても変わらないでしょう。上辺ではなく、本質に根差した関係だからです。

見城さんには影響力がありますから、おべっかを使ってくる人はたくさんいると思います。僕みたいな者にも、そういう人はいます。

でも僕が本当に大変な時に力を貸してほしいと思える人は、数えるほどしかいません。また逆の立場になった時、とことん無理できる人も同じです。見城さんと僕がそういう関係になれたのは、本当に幸せなことだと思います。

信用されるのではなく信頼される人間になる

また、僕は相手に対し、無理をすることも大事だと思います。

メールやＬＩＮＥはできる限り早く返信するようにしています。そのスピードに誠意が表れると思うからです。

僕はよくうちのスタッフに言うのですが、ＬＩＮＥで既読になった瞬間、相手に見たことが伝わっているわけですから、「すぐ確認いたします」と返信します。すぐ確認できない場合は、「～までに必ずお返事します」と返信すること。これを自分にもまわりにも義務付けています。

ビジネスで大事なのは、信頼よりも、まず信用です。

信用を一つ一つ積み重ねて、初めて信頼が生まれます。そういう積み重ねができない人は、何をやってもダメだと思います。信用できない相手と、誰も仕事をしたいとは思わないからです。

そういう誠意は、現場ではやはり、緊張感として表れるのではないでしょうか。少し前に見た映画『ザ・メニュー』は、この緊張感がとてもよく描かれた作品でした。

孤島にある高級レストランを舞台にしたサスペンス映画なのですが、とにかく緊張感が素晴らしく、一度見始めたらもうやめられない。命がけで料理を作るとは、どういうことか。命がけのソムリエとは。命がけのサービスマンとは。一方、料理を食べる客とは――。そうした問いかけを含んだ場面が次々と繰り出されていきます。

料理とは、はかないものです。作る方は何十時間も用意して、食べるのは一瞬です。そのはかなさに懸ける熱量と緊張感を、『ザ・メニュー』からははっきり感じ取ることができました。

料理は、作る人だけでなく、食べる人がいて、初めて成り立つものです。味を知っているとかグルメだとかいうことではなく、食べる側の意識のレベルと作る側の意識のレベルが拮抗した時、本当に最高のエンターテインメントになるのだと思います。僕は見城さんにお店に来ていただけるようになってからの5年間で、見城さんといつも命を削るような真剣勝負をしながらそのことを学び続けています。

こう言うと生意気かもしれませんが、見城さんは編集者、僕は料理人、それぞれ別の分野ながら、何か同じものを目指して突き進んでいる気がします。何かをやり遂げようとする人間が持つべきものを、僕は見城さんから学ぶと同時に、自分が目指すものもよりはっきり見えてきました。

そして僕と見城さんの間には、信用ではなく、信頼がある。少なくとも僕はそう思っています。信用はちょっとしたことでなくしてしまうことがある。例えば、遅刻などがそうです。でも、見城さんが遅刻しても、僕は失望したりしません。きっと何かあったのだろうと思うだけです。

このことは恋愛でも言えます。信用はまだまだ恋愛の入り口です。でも、それが相手への揺るぎない信頼に変わると、本当の恋愛になります。つまり、モテるためには、まず相手から信用されること。そしてそれを信頼に変えるために、努力しなければなりません。

嘘をつかない人間になる

自分で言うのもおこがましいですが、僕と見城さんは物事に対し、愚直でピュアなのだと思います。

その点で、僕が、見城さんの一番すごいと思うところは、素直に謝れるところ。見城さんほどの人が、僕みたいな人間に、「鳥羽、今日はいきなり来て悪かったな」と、何のためらいもなく言えることに感動します。

だから僕もそれを見習い、社員に対し、自分が悪かったと思う時には素直に謝ることを心がけています。

でも見城さんがもっとすごいのは、謝ったその後。とんでもないスピードでそのリカバリーをするのです。

例えばうちの店を予約してキャンセルをしなければいけなくなったら、謝った後、すぐに次の予約をされるのです。もちろん時には厳しいこともおっしゃいますが、その裏表のなさと思いやりが本当に素晴らしい。

僕は人に「どうして見城さんと仲がいいの？」と聞かれると、必ずこう答えます。

「お互い嘘をつかないからだよ」

僕が見城さんとお付き合いする上での唯一の条件は、これだと思っています。どんな小さなことでも、絶対に嘘をつかないこと。見城さんはこれだけをちゃんと守れば、最高に応援してくれる人なのです。反対に嘘をつくと、そこでお付き合いは終わってしまうにちがいありません。

多くの人は、人付き合いでしょっちゅう嘘をつきます。その場の雰囲気や、「これを言ったら怒られるかな」という思いから、心にもないことを言ってしまう。

確かに嘘をつけば、その場をやり過ごすことはできるでしょう。でも実はそれは、何の得にもなりません。その場で怒られてもいいから、自分の過ちや現状をちゃんと伝えた上で、その後どうするかの方が大事なはずです。見城さんは、そういうところをしっかり見てくれるので、僕は不都合なことでも、すべて正直に言うようにしています。

自分のことを客観的に捉える

ビジネスで信頼を得るためには、自分を客観的に捉えるのも大事なことだと思います。

例えば、自分がまめで、きめ細かな人間なら、それを強みにすればいい。そういう人は、例えばSNSに向いていると思います。

でも寡黙な人なら、SNSに向いていないかもしれない。そういう人は、マンツーマンのコミュニケーションなどをコツコツやることで、信頼を得ることができるかもしれません。

自分のやりたいことと得意なことが合っている方がいいに決まっている。合っていなかったら、ビジネスがうまくいかないことも多いと思います。

野球で言うと、ピッチャーの才能がないのにピッチャーをやりたがる、本当はキャッチャーの方が向いているのに、というような人。

そうならないためにも、自分を俯瞰《ふかん》し、自分を理解することが大事。すると自分の生かし方もわかります。

また、料理人の場合は、「おいしい」を信じすぎないことも大事です。

自分が何かをすごくおいしいと思い、材料や作り方などにこだわりを持つ。でもそれはお客さんにとっては、そこまで重要ではないということがよくあります。

味覚というものは、それ自体にはあいまいな部分があります。

ある人が「ものすごくしょっぱい」と感じても、別の人は「ものすごくおいしい」と感じたりします。そして一人で食べるとおいしくないものでも、好きな人と食べると、すごくおいしかったりします。

つまり「おいしい」という感覚は、思っている以上に、はるかに流動的なのです。時と場合によって、何がおいしいかは大きく違う。味に特化して考えると、そういうことはすっぽり抜け落ちてしまう。

単純に味がおいしいからいいというわけではないということを、料理を作る人間はわかっていなければなりません。

「おいしい」を目指すからこそ、視野を広く持ち、狭い意味での「おいしい」以外の要素をきちんと理解する必要があると僕は思います。

広い意味での「おいしい」は、四つの要素からできていると僕は考えます。

一つ目は、最もシンプルな意味での「味」。

二つ目は、香りやコクなどの「風味」。

三つ目は、歯ごたえや舌ざわりなどの「食感」。これは五感で言うと、味覚より触覚に近いものです。噛んだ時の音も含めると、聴覚も加わります。料理の色や光沢、盛り付けや皿の色などを楽しむ視覚もここに入ります。

四つ目は「環境」。その場の雰囲気、その日の天気や気温、その人の健康状態や心理状態などです。これらが互いに影響し合いながら、その時々の「おいしい」を形作っています。どれか一つが欠けると、狭い意味での「おいしい」ものも、おいしくないものに変わってしまいます。

僕は「おいしい」を、こうした要素に分解し、いろいろと組み合わせながらロジックを作ってきました。年中組み合わせを考えているうちに、どうすれば遠回りせず、一番の「おいしい」にたどり着けるかもわかりました。

僕の中でそれは「謎かけ」に近いものがあります。「○○とかけて××と解きます。その心は……」というあれです。自分で謎をかけ、それを解く回路のようなものが、頭の中に出来上がっているのだと思います。

自分の店だけでなく、食のチェーン店とのコラボレーションや食品メーカーとの商品開発など、そこでの評判や売れ行きをフィードバックすることで、ロジックが練り上げられたり、新しいロジックが生まれたりしました。

アイデアは人に頼らない

ビジネスは、基本的には人と一緒にするものですが、その中心にはクリエイティブがあります。そしてクリエイティブは、一人でするのがいいと僕は思います。

もちろん僕も、人の意見は聞きます。でも多くの場合、人はそれぞれ違った意見を持っています。赤い方がいいという人もいれば、青い方がいいという人もいる。何かを決める時、すべての意見を尊重するのは不可能だし、いろいろ聞いているうちに、せっかくのアイデアの鋭さがなくなり、可もなく不可もなくなものになってしまうこともよくあります。

僕はもともと孤独が嫌いでした。友達とワイワイやっている方が楽しいと思っていました。でもクリエイティブなビジネスに取り組むうちに、そういう僕の性格も変わってきました。今では孤独が大好きです。一人でいる方が、いろいろクリエイティブなことを考えられるからです。

誰かと相談して生まれるものなど、結局誰かが思いつくものではないでしょうか。一人で唯一無二のものを目指すからこそ、本当にいいものは生まれるのだと思います。

確かに料理の世界では、人から学んだり盗んだりすることがよくあります。でもそれはしょせん、技術レベルの話です。クリエイティブそのものではありません。

例えば、タマネギのみじん切りを何万回もすれば、誰でもうまくなる。何か素晴らしい料理を作る時に、それが役立つこともあるでしょう。でもそれ自体にあまり価値はありません。僕は技術とクリエイティブは、一度切り離して考えるべきだと思います。

近年、食の世界でもアスリート・フード・マイスターとかオリーブオイル・ソムリエとか、資格が急増しました。たくさん資格を持っていることが、何か価値あることのように思っている人もいます。でも大事なのは、その資格を使って何をするのか、できるのかということ。技術や資格はあくまで手段にすぎません。目的ではないのです。

では技術ではなく、クリエイティブな発想が磨かれていくとどうなるか。判断が速くなります。なぜなら、自分の形ができるからです。その形から判断するので、悩まなくなる。

店のメニューについても、僕は一人で考えます。時間がかかることもありますが、決まる時はパッと決まります。その過程で迷ったり悩んだりすることはほとんどありません。

ただし僕は、メニューが決まっても、すぐにスタッフには伝えません。

新しいコースが始まる2週間くらい前になると、必ず、「メニューを早く出してください」と言われるのですが、ギリギリまで絶対に出しません。

それはお客さんのために、最後まで考えに考えぬいたメニューを出したいと思うからです。

何事も本質というものは、シンプルです。でもそのシンプルこそ、一番難しいし、それが一番伝わってほしい。そのためには、すべてに細かく取り組むしかないのではないでしょうか。

メニューなんて、決めようと思えば1年前から決められる。スタッフもその方が楽でしょう。でもそれは結局、自分の都合でしかありません。本当にいいものをお客さんに出したいという純粋さから、遠ざかったものでしかないのです。

僕の言う「やり切る」とは、すべての面で徹底すること。これを本当にわかってくれる人は、とても少ない。何事でもやり切れる人は、ごく少数だと思います。

だから僕は、自分のやり方を追求しているうちに、いつの間にか友達がいなくなりました。たいていの人は、僕が説明しても、「何でそこまでやるの？　意味わかんない」となってしまう。僕と同じ熱量で仕事の話をし、それを共有できる知り合いは、それほど多くありません。

孤独になることを恐れない

僕が5年前初めて社長になった時、最初に決めたのは孤独と友達になることでした。だから一人で夜、何時間も散歩します。散歩しながら、頭の中を整理するのです。

僕はもともと寂しがり屋なのでつらいですが、仕方ないと思っています。何かをやり遂げるためには、何かをあきらめて捨てることが必要だと考えるからです。

実際いろんな本を読みながら、考えを研ぎ澄ましていくと、どんどんどんどん孤独になっていきます。本当に大事なことは人に相談などできません。

憂鬱と孤独に付きものなのは、やはり不安です。それに耐えない限り、何かを成し遂げることなど不可能でしょう。何かを成し遂げようと思えば、絶対に足を引っ張る人間が現れます。

けれども自分がこれだと思ったら、それ以外進む道はありません。部下にどう思われてもこの決断をしなかったら、本当の意味でみんなを守ることはできない。短期的に見たらわかりづらくても、長期的に考えるとこれしかないという時があります。そういう時にまわりと馴れ合っていると、正しい決断ができません。

実際、コロナ禍の時も大きな不安に襲われました。

口座には十数万円しかないのに、月の支払いを何千万円もしなければならないようなことが何度かあったのです。そういう時は誰かに頼って、喉から手が出るほどお金を借りたくなります。でも、一度借りたら終わりだと思い、何とか工面してピンチをしのぎました。

憂鬱や不安と向き合うと、心を鬼にしなければならないこともあります。家族や友人と楽しく過ごす時間をあきらめて、世の中においしさを届けるためにどうすればいいかひたすら考える。そうすると、孤独にならざるをえません。友達と電話でおしゃべりする時間を捨て、一人の時間を作って、孤独に耐えながら沈思黙考します。

人が成長するには、孤独な時間が絶対必要だと僕は思います。そしてあまりに不安な時は、見城さんからいただいた言葉を思い出し、そこから元気をもらったりします。

信頼できるパートナーを持つ

経営者は孤独になることを覚悟しなければなりませんが、決してまわりの人間を信用するなということではありません。

僕が信頼できる人間の一人に、うちの副社長の岸田がいます。

彼はもともとバックパッカーで地球を2周くらいしたのち、リクルートに勤めてから、ＩＴ系・マーケティング系・クリエイティブ系の仕事をしていました。

彼と僕との出会いは、２０１７年。ある企業の案件の会議で集まった時、「この人、すごく頭がいいな」と思いました。それで会議が終わった後、追いかけて行って声をかけました。

「僕、これからシェフとして世界に出て行くから、一緒に会社を作りませんか。とりあえず、うちの店で飯を食べてください。それでまずかったらやめていいですから。でも食べてみて、世界に行けそうだと思ったら、一緒に会社を作りましょう」

その時、彼は「何だ、こいつ」と思ったそうですが、結局うちの店に食事をしに来て、引き受けてくれました。そこで僕は改めて言いました。

「僕は会社を作ったこともないし、料理を作る以外のことは何もわからない人間だけど、世界に行きたいと思っているんだ」

それで僕と岸田を含め、4人で会社を始めることになったのですが、みんな金がなく、一人1万円ずつ出して、資本金4万円で始めることになった。その時、僕は貧乏で財布も持っていなくて、ポケットからくしゃくしゃの1万円札を出しました。岸田は「こいつ、やべえぞ」と思ったらしく、その1万円札を額に入れて今でも飾っているそうです。

会社名はフレンチをもじって「ハレンチ」。別にふざけているわけではなく、「ハレンチ」には常識を壊していくような意味もあるんです。名刺にもそれを入れて、「はじめまして、フレンチの料理人なんですけど、ハレンチの鳥羽です」と言って名刺を出したら、行く先々で馬鹿ウケでした。

でも、そのうち大きな会社とも仕事をするようになった時、取引先に「そんな名前の会社とは、仕事なんてできない」と、ものすごく怒られました。それで会社名も、

「sio」に変えました。

今思うと、自分でも「何でそんな名前にしたんだろう」と思います。最初、登記する時に銀行で、「81番、ハレンチさん」と呼ばれ、ものすごく恥ずかしかったことがありました。また会社のドメインを取ろうとしたら、風俗店にすでに取られていたこともありました。今思うと、つくづく馬鹿なことをしていました。

チューニング力を身につける

人は孤独を知ると、自己演出するようになります。自分と外の世界との区別をはっきりつけるようになるからです。その自己演出は、相手の心をつかむために発揮されます。

相手の心をつかむには、センスが必要。言語化は難しいかもしれませんが、僕はそれを「チューニング力」と呼んでいます。

人間関係におけるセンスとは、ＴＰＯに合わせて何かをチョイスし、最適解を出すこと。

一般的に、センスはデザインのよさや服装の洗練を指しますが、そういうことではありません。例えばお葬式に派手な服を着てくる人は、何を考えているんだと思われてしまう。そこには最適解がある。これは手土産でもプレゼンでも、すべてに通じると思います。

では、チューニング力は、どうすれば磨くことができるか。それには日々の生活で、すべての物事を感じ取るようにすることです。

例えば、お客さんが来る時、ペットボトルのミネラルウォーターを出すとして、３００mlがいいか５００mlがいいかを考えるようにする。話が簡単に終わりそうな人だと３００mlでいいし、少し時間がかかりそうだと５００mlにする。そんな風に小さなことを感じたり考えたりすることで、自分の中に引き出しが増えてくる。

引き出しが増えれば、ＴＰＯに合わせて、そこからチョイスする。これを続けていけば、チューニング力は磨かれます。引き出しが増えれば増えるほど、センスはよくなるということだと思います。

結局チューニング力も、相手に対する想像力。すべては愛があるかどうか。相手に対する「好き」という思いがあることが大前提です。それが恋人やクライアントなど、どういう相手か、また、どういうケースかによって細分化されていく。それを実践して相手を喜ばせることが、モテるということです。そのためにどんな情報を得るか、どんな技術を身につけるかが、モテるために必要なことだと思います。

モテる手土産の選び方

細かい気遣いの違いが如実に表れるのが、手土産です。

例えば飲食店に手土産を持っていく時、鈍い人は生のシューマイとか、調理しないといけないものを持っていったりする。

多少わかっている人は、調理しなくていいもの、いなり寿司やかつサンドを持っていく。ただでさえ調理で忙しいのに、そこに調理しなきゃいけないものを持ってくる人は、かえって迷惑。そういうことに気付くかどうかが、想像力だと思います。ホールケーキやメロンもあまりいいとは言えません。切ったり、皿に盛ったりしないといけないからです。

お酒などもそう。相手の好きな種類や銘柄が何かという以前に、初めての場合は、その人がまずお酒を飲むかどうかもわからないでしょう。手土産にはそういう想像力が、すごくはっきり表れると思います。

想像力とは、本当にちょっとした気付きです。相手をリサーチしたりするまでもなく、相手の属性やタイミングを考えたらわかることがほとんどです。だから「モテ」の初心者は、まずそこから始めるのがいいのではないでしょうか。

例えば上司にコーヒーを出す時、「今日はいつもとは違う、部長のお好きそうなのを淹《い》れました」と言って出せば、「おっ、何？」と言ってくれるでしょう。モテるとっかかりは、日常に溢れています。モテようと思えば、いつでもモテることができる。今からモテようと思えば、モテる。要は気付くかどうかです。

ＬＩＮＥの返信も同じです。今までは既読で放置していたのが、既読と同時に「すぐ確認します。今しばらくお待ちください」と一言添える。こうすれば、もうモテます。既読になって放置されると不安になるタイプの人もいるでしょう。だから、この一言が効くんです。

「ありがとうございます。何日までに確認します」。この返信が、相手が不安にならない気遣いになり、その結果モテることになります。ＬＩＮＥの会話の途中で、急にいなくなるのではなく、「ごめん、今から2時間ほど買い物に行ってくるね」と一言断るのが、モテるＬＩＮＥ。

　自分の店が流行ったり、料理のコースが評価されたりするのも、これと同じです。僕はお客さんに「モテている」のです。

　相手が男性でも女性でも関係ありません。また「モテる」ことは、あらゆるジャンルに通じます。恋愛、接客、ビジネス……。モテ方はいろいろありますが、根は一つにつながっていると思います。

　ビジネスのクライアントに対しても同じです。相手が落ち込んでいる時には、その人が言ってほしい、元気になれる言葉をかけるし、好きな物がわかれば、それを用意してプレゼントします。こちらの強い思いを伝えたい時は手紙も書きます。

　そういうことを実行し、続けられる人だけが見られる景色がある。仕事でも恋愛でも、「僕はこの人が好きだ。一緒に何かやりたい」と思った時、僕にとって唯一大事なのは、そのピュアな思いをずっと持ち続けられるかどうかだけです。

モテるためのSNS理論

僕の場合、お店で出す料理とSNSに載せる料理は違います。また、SNSに載せる料理も、Xだとレシピ、インスタグラムだと、僕が一緒に写っている料理の写真という風に異なります。ケースによって、求められるものが違うからです。

それを見極めながら、的確に投稿することがすごく大事。見てくれる人を想像して投稿するから、うまくいく。そして「フォロワーが多い」イコール「モテている」ということです。

自分の構成要素の中で、何が世の中に求められているか。人は自分に何を求めているか。そういうことを知るために、SNSはすごく有効な手段だと思います。

僕はSNSに同じ内容を繰り返し投稿することがあります。SNSの投稿は、タイミングがよければ見られるけれど、タイムラインは流れてしまうので、見逃してしまうことも多い。新しいフォロワーは、前のレシピを知らない。それをもう一度投稿すると、新しいフォロワーには新鮮で、すでに1万リポストされたものでも、さらに3000リポスト増えたりします。

僕がSNSを戦略的に使い始めたのは、やはり社長になってから。修業時代はただ承認欲求から、自分の作った料理やいらしたお客さんと撮った写真を上げたりしていました。それがシェフになった頃から少しずつ変化していった。そしていつか、口を吸い付くような形にした自分の顔の写真を上げるようにした。その顔は、多くの人を吸い寄せたいというアイコンです。そのうち、写真に写る人は、みんなその顔をしなきゃならないみたいになった。

SNSでは習慣化というか、決まったことをやり続けるのがとても大事だと思います。何かキャッチーなものを、わかりやすくブランディングの目玉にするということです。例えば僕は今、アンチ対応に「貴重なご意見ありがとうございました」と必ず言うんですが、そうすると向こうも「ああ、また言ってるな」となって、アンチコメントをあまり言ってこなくなります。

文言だけに限りません。料理の写真なんかもそう。すべて同じ角度で、画質も同じにしています。ＳＮＳという大量の情報の渦の中で、見る人に印象付けるためには、パターン化するのが絶対いいと思います。

モテない経験がモテを作る

モテるようになるためには、モテなかったことから何を学ぶかが大事です。つまりモテなかった経験が、モテを作るわけです。

恋愛うんぬんに限らず、モテるためには、とにかく数を打つこと。そうすれば、間違いなく経験値が上がります。その数も多ければ多いほどいい。モテなかった経験が3の人と50の人では、間違いなく50の人の方が経験値が高いし、プレゼンを10回しかしたことがない人と、１００回している人では間違いなく結果が変わってきます。だからモテるためには、とにかく打席に立つこと。これがすごく大事。

　モテることとは、全然特別なことではありません。

　例えば、「人生の目標」とかだったら、明確なヴィジョンを持ち続けて何十年も努力して成し遂げるものですが、モテは、異性と付き合うにせよ、ビジネスの契約にせよ、すぐに結果が出る。

　僕の場合でいうと、毎日いろんなレシピを考えますが、その中には必ずモテるレシピとモテないレシピがある。

　そしてモテないレシピには、なぜモテないかという学びがあります。

　Xでモテないレシピを少し改善すると、今度は表示数が何千か上がったりする。それがモテるということです。

　Xのレシピでいうと、料理好きの人に刺さるハイレベルなレシピがある。一方、若い男性や料理好きでない女性も、ものすごくたくさんいます。そういう人には、簡単なものが刺さる。

　そして、そういう人の方が圧倒的に多いので、簡単なレシピの方が、表示数が上がります。たいていのシェフは、前者のレシピを上げます。それはレストラン好きの一定数には刺さるけど、いつまでも、そこからマスに広がることはないと思います。僕の場合は、どちらも狙います。レストランのハイレベルとマスへの広がり。そのどちらも兼ね備えることで、幅広くモテることを考えています。

モテようと思ったら、相手や数を考えなければならない。そしてビジネスでモテたい場合は、より多くの人の心を捉えないといけません。

第３章

モテる仕事のテクニック

「物差しの目盛り」を細かくする

僕が仕事をする上で大事にしていることの一つに、「『物差しの目盛り』を細かくする」ということがあります。

それは言い換えれば、物事の細部にまでとことん気を配るということです。そしてそれを体に覚え込ませて、自然と気がつくようになるのが理想です。

この考え方も、見城さんに学びました。

見城さんはとにかく物差しの目盛りが細かい。普通の人なら落ちていても気付かないような小さなゴミが、見城さんには見えている。だから、まわりの人がゴミに気付かないと、「なぜ君はこのゴミに気付かないんだ」という疑問を持つのでしょう。

僕は見城さんの本を読んだり、お付き合いをさせていただいたりしているうちに、細かいことがものすごく気になるようになりました。見城さんの言う「憂鬱」の意味とは、これなのだと思いました。

それから、僕もうちのスタッフに口を酸っぱくして、物差しの目盛りを変えろ、もっと細かく物を見ろと言うようになりました。

例えば、従業員の書く営業日報でも、すごく細かくチェックするようになりました。ただの報告ではなく、明日につながるものを書くように指導し始めたのです。そして普通の人は、あまり細かく物事を見たり考えたりしていないということが、よくわかりました。

実際、僕は会社のスタッフに、「鳥羽さんはすごく神経が細かい」とよく言われます。店の予約にキャンセルが出てXにそれを上げ、スタッフおのおのがXの個人アカウントでリポストした時、僕は全員の文言を細かくチェックします。

例えばお客さんから、「何月何日に2名で空いていますか」という電話があったとします。調べたら、空いていない。

そこで「その日は満席です」で終わらせてしまうのと、「その日は満席ですが、この日とこの日なら空いています」と言うのとでは、全く違います。

相手にとってどうすることが優しいのか。それを考えることがすごく大事。そこに頭が回らずに、ドライに対応してしまう人が案外多いのではないでしょうか。

繊細さと大胆さをスウィングさせる

僕はイタリアンから居酒屋まで、全国にいくつもの店を出しています。こういうタイプの「シェフ」は珍しいかもしれません。

自分で直接料理を作ったり、その場で指揮したりするのが一般的なシェフの姿だと思います。

でも僕は、必ずしもそうあるべきだとは思いません。僕のポリシー、「幸せの分母を増やす」ためには、一つのお店では限界があるからです。

ある時僕は、見城さんにこう言いました。

「自分が作らなければ同じ味が出せないなら、ダメだと思います」

それを聞いて見城さんは、「こいつ、何を言ってるんだ」と思ったそうです。でも僕がいない時に来店され、料理が同じ味であることに驚いたそうです。「これは鳥羽の人間力のなせる業だ」と見城さんは言ってくれています。

「普通料理人というのは、全部教えるのは嫌なものだ。だけど鳥羽は惜しみなくすべてスタッフに教えている。この人間力が料理に表れている。ものすごく細かい神経と太っ腹な覚悟がないと、こういうことはできない。繊細さと大胆さのスウィング。これがあるから、鳥羽は素晴らしい」

こう褒めていただき、僕は危うく泣くところでした。僕が後進を育てる上で考えているのは、まさにこのことだからです。

上に立つ人間は常に部下の細かいところにまで目を光らせていないといけない。一方で、人を育てるためには、その人に任せなければならない。そうしなければその人は、自覚や責任感を持てません。そして任せるということは、少々のことには目をつぶるということでもあります。

繊細さと大胆さ、一見相反するようなこの二つを共存させることが、僕はリーダーの絶対条件だと思います。

見城さんがすごいのは、お店に来てくれると、必ずその後で感想を言ってくださるところです。それもおざなりではなく「今日は何と何が格別にうまかった」とか「ソムリエのあいつはなかなかだよ。選択したワインもすごい」とか「あのサービスマンは心が入ってる」とか、細かいところまで行き届いた感想なのです。

またそのメールが来るのが、めちゃくちゃ早い。必ずその日のうちにくださいます。

忙しい時は、簡単なお礼の後、翌朝に詳しい感想が送られてきます。僕はそういう見城さんのメールの送り方に、心から感動し、それ以来僕も人に対し、ものすごく早くメールするようになりました。

相手への感想文の長さが誠意だと見城さんは言います。

僕ももともとは大雑把な人間なので、メールなどはざっと書いて読み返すこともなく、送っていたのですが、見城さんの影響で、細かいことをいろいろと書いた上で、必ず読み返して直すようになりました。

メールの文章を型にはまったものではなく、自分の言葉で苦心して書くと、必ず相手に伝わり、心を動かします。そういうところも見城さんのおかげで、すごく成長させていただきました。

足し算と引き算を見極める

見城さんが2度目に『sio』に来られた時、こんなことがありました。僕は気遣いからすごく高いワインをお出ししたのです。すると、「お前はこんな高いのを出さなくていい。店に合っていない」と、めちゃくちゃ怒られました。

見城さんはすごくいいお店にたくさん行かれているからと思って背伸びしてお出ししたのですが、やはり身の丈に合っていなかったと反省し、次からは自分の店に合った、だけどそれよりちょっといいワインを選ぶようにしました。

見城さんの言葉は、怒られても愛があるから、スッと心に入ってくる。そこから自分なりに考えるので勉強になり、成長につながるのです。

『Hotel's』へのアドバイスも、すごく有難かった。

最初、コース料理の一つ一つのポーションが、今の2倍だったのです。すると見城さんが、「こんなに多かったら、お腹いっぱいになってしまうから量を減らしなさい。

少し足りないくらいの方が、またすぐ食べたいという気持ちになるんだ」と言っていただき、それで少しずつ減らしていったら、売り上げが1・5倍くらいになりました。

僕自身、当時は少ない量でお出しするという発想が、全くありませんでした。お客様に「少ないな」と思われるのが怖かったのです。またスタッフも若い人が多いせいか、「こんなに少なくていいんですか」と、戸惑っていました。

あれが『Hotel's』の転機です。量を少なくしてから、お客さんの層も変わりました。おいしいものを食べ慣れた人に、「『Hotel's』って気楽で、量もちょうどいいんだよね」と思っていただけたようで、そういうお客様がすごく増えたのです。

「本当に料理の腕のある奴は、味も量も足し算ではなく、引き算で考えるべきだ」という見城さんのアドバイスが、『Hotel's』だけでなく僕の料理人生の大きな転機になりました。

つまり、単においしい食事ではなく、気持ちのいい食事。そういう視点の転換でした。「おいしい」はあくまで手段で、「気持ちいい」こそが目的のはず。料理人でも、このことをわかっていない人がすごく多い気がします。

レストランの仕事は、お客さんという相手がまずあるものであり、その意味で受け身の仕事です。

まずお客様の欲求や要望があって、それを受け、幸せになって帰っていただく。こちらから打つのではなく、来た球を打ち返す仕事です。優先順位の一番は絶対的にお客様にある。でもそのことをよく理解し、実際にお客様第一を実践できている人が少ないと僕は思います。

正直に言えば、僕にはどうしてもこれを作りたい、という根源的な欲求がないのかもしれません。料理人でこういう人は、たぶんとても少ないのではないでしょうか。

茶人・千利休は自分の庵《いおり》に至る細い道に、四季折々の花が咲くようにしていました。客にそこを歩かせ、美しい季節感を心に刻ませた上で茶や料理を出す。すると客は出されたものを非常においしく感じ、感動します。

僕は利休の料理に対する考えに、すごく共感します。

例えば苦労して富士山に登り、頂上でカップラーメンを食べたら、ものすごくおいしく感じるのではないでしょうか。利休の考えはそういうことなのだと思います。

早朝のまだ寒い時間から登り始め、汗をかきながら途中で何度も休み、ようやく山頂まで登って、そこで食べるカップラーメンを想像してみてください。空腹なのはもちろん、汗をたくさんかいたことで、体も塩分を欲しています。また山頂は気温が低く、温かい食べ物が恋しいはずです。そして目の前には素晴らしい眺めが広がっています。それは夜、狭い部屋で、一人わびしく食べるカップラーメンとは、比較にならないほどおいしく感じるにちがいありません。

このようにシチュエーションによって、おいしさは大きく変わります。

うちの店でも、炎天下に歩いてきてくださったお客さんには、テーブルに着くと、とにかくまずキンキンに冷えたお水と冷たいおしぼりをお出しします。おしぼりは普通の小さなものではなく、ハンドタオルほどの大きなものを出すようにしています。逆に真冬の寒い日なら、熱々のお出汁《だし》を最初に提供します。

この場合、お水もお出汁も、気温という状況を差し引くと、単なる飲み物と器にちがいありません。でも、その時の気温と、お店に入ってきたばかりという状況が加わると、全く意味合いが違ってくるのではないでしょうか。

シチュエーションやタイミングによって、おいしさというものは大きく違って感じられる。そのことを僕は千利休から学びました。利休は、茶や料理そのもののおいしさを追求したというよりは、それを俯瞰した上での総合能力が高かったのだと思います。こういう知識は、全く別のところで役立つこともあります。

悲しいことに、僕はあまり教養のある人間に見られないことがあります。僕を軽く見て、知識の面で突っ込んでくる人がいる。そういう時、僕は知識をのぞかせ、サラリとかわします。すると向こうは、それ以上は何も言わなくなります。

すべてのビジネスは「編集力」が大事

「モテたい相手」について徹底的に調べ、愛と想像力を発揮して相手の心をつかんだら、次に必要となるのが「編集力」です。料理、プレゼン、恋愛……。何においても必要な能力だと思います。情報をもとに、プランを編集するわけです。

その時間、相手をどう喜ばせるか。それは行き当たりばったりではいけない。ロジックや戦術が必要です。

コンビニへのプレゼンだと、「僕は御社が大好き」ということをアピールするとして、その根拠を示さなければなりません。

「御社は2週間に1回棚が変わるじゃないですか。今は特に、冷凍食品に力を入れていらっしゃいますよね。僕は毎日行っていますから」

こう言うことで、「こんなにコンビニのことを知っているシェフは僕しかいない。また、そうでないと、本当にいいものは作れない。だから僕とやりましょう」ということを示せます。つまり相手を喜ばせるためには、熱量と同時に、ロジックがいるということです。

チームでプレゼンに臨む場合は、僕が熱量を持って語った後、ちょっとトイレに立った時、ほかのスタッフが、「実は鳥羽は御社の店に毎日通わせてもらっているんです」と言ったりします。これはチームとしての戦術です。

恋愛でもそう。告白する時、いきなり「好きです。付き合ってください」だと、うまくいかないかもしれない。でもきれいな夜景を見ながらだと、うまくいくかもしれません。それも編集であり、デザインだと思います。

やはりモテるには、編集が必要。最適な時に最適な場所で自分の思いを伝えると、うまくいく確率が上がります。

サッカーで言うラインコントロール、つまり状況に合わせたコントロールがビジネスではとても大事です。

僕も、特にコース料理では、自分のカラーは抑えながら、あくまでお客さんを喜ばせるために料理を作っています。


まず「編集」に必要なのは、「素因数分解」。

物事には必ず構成要素があります。それをこれ以上分解できないところまで分解し、そこから考えることが大事。その中から選んだものを、次はどの順番で出すか。これがすべてではないでしょうか。

例えばコース料理の場合、僕は、自信作を必ず2品目でお出しします。1品目との差の分、おいしさが引き立つからです。

一方、1品目では、「ん？」と、ちょっと考えさせるようなものをお出しします。例えばスープなら、かなり薄味のもの。「やはりいいレストランだから、こんな薄味なのかな」と思わせるようなもの。そこへ自信作を出すことで、おいしさがグッと引き立つ。映画でも、淡々とした流れの後に、スリリングなシーンが来ると、一気に観客の心をつかみます。あれと同じです。

また、店でお茶を出すことを考えた場合、麦茶にするかルイボスティーにするか、何のお茶にするかを誰でも考えるでしょう。しかし、それだけではいけません。どういう器にするか、器のサイズ、触った時の質感、そこにお茶を淹れた時の味、温度、香り……。すべての要素を洗い出します。

そして次は優先順位を考えます。例えば夏の暑い日だと、冷たいことが一番に来なければなりません。そこを起点に、すべてを組み立てます。それが何であるかを相手や世間に向けて、提示するということ。僕は年中、そんなことばかり考えています。

見城さんがある時、こう言ってくれたことがあります。

「ボルドー・ワインの有名なシャトーの中でも、一番すごいのはシャトー・ディケムなんだよ。これは食後酒で甘い。でも甘さの中に、見事に酸の背骨がある。この酸の背骨が鳥羽の料理にはあるんだ」

この見城さんの言葉には、本当に驚きました。僕の料理哲学を見事に見抜かれたからです。

僕は、どんな料理でも必ず酸味を意識しています。

酸味は料理の味を、いい意味で軽くしてくれます。このことはイチゴのショートケーキを考えるとわかりやすい。ホイップクリームだけだと甘ったるいのに、そこにイチゴがあることでとても味が軽くなります。

コース料理で酸味をうまく使うと、次の料理につながるフットワークのようなものが出ます。ボリュームに酸味は絶対に必要です。脂っこい料理にはボリュームがあります。そこに酸味がないと、重たくなってしまう。

うま味というのは、ボリュームだと僕は考えています。

コース料理は、全体的にボリュームがある。だからそこに酸味がどれくらい入っているかで印象が大きく違います。

少ないボリュームの場合は、酸味はそれほど意識しなくてもいい。でも、おいしくなればなるほどボリュームが生まれる、その分、酸がないと切れがなくなる。この切れ味がとても大事です。

例えば、『Hotel's』で出している、「八朔《はっさく》」という品種の牡蠣にサワークリームを添えたもの。牡蠣のうま味を、酸味でふわりと軽くしました。

実際この牡蠣の味つけは、僕の自信作でもあります。そういう料理は、コースの中で変えるべきではないと僕は思います。

例えば見城さんが誰かとお見えになった時、「ほら、これ食べてごらん」と、お連れに言わせる皿が絶対必要です。そういう少量の一撃で心をつかめるものがあると、誰かにその店のことを話したり、おいしさを伝えたりしたくなるもの。それが人間心理だと僕は思います。

最近だと、『sio』で「1種類の野菜」だけの皿を出したりしています。

例えばズッキーニを揚げただけの皿。すごく複雑でおしゃれな皿の後に、いきなりそれを出します。昨日も来られたお客さん全員が、それが一番感動したと言ってくださいました。

もちろん全部の皿の中で、最も原価がかかっていません。それなのに一番おいしく感じるのは、ほかの皿とギャップがあるため。素材も特に厳選したものではありません。

このズッキーニの皿に関しては、僕も自信があります。なぜそこまでみんながおいしく感じるのかというと、誰もおいしい食べ方を知らないから。実際に食べてもらうとわかりますけど、ズッキーニってこんなにジューシーなんだっていうぐらいジューシーなんです。シンプルなズッキーニの料理なんて、あまりない。それを複雑な皿の後に出すと、すごくおいしさが際立つ。みんなもう、ズッキーニの虜《とりこ》になってしまう。

懐石のように全部シンプルだと、こうはならない。例えばウニだけ出されても、あまり感動はない。ウニがおいしいことはみんな知っているからです。だけど複雑な皿の後に、シンプルなズッキーニを出すと、本当のおいしさを知らないこともあって、すごく引き立つ。流れの中に予想していなかったものが来ると、この効果があります。

こういうことも僕は、食べる人の側に立って、想像力を働かせます。それがハマると、僕としても超面白い。営業前のミーティングでも、スタッフみんなに「今日はズッキーニで感動させるぞ」と言います。

お客さんにモテるためには、想像力を働かせることが大事。これで感動させると決めてコースを作り、刺さったら、狙い通りということです。このことは、モテる仕事論の最たる例だと思います。

既存の「型」にはまらない

奈良のすき焼きレストラン『㐂《き》つね』でも、僕は「編集」を意識しました。

『㐂つね』は中川政七商店さんという、奈良に本社のある江戸中期創業の老舗《しにせ》から、奈良でお店を開いてほしいというオファーがあって、始めました。

奈良なので、やはり和食……ふと、すき焼きがいいんじゃないかと閃《ひらめ》きました。

そもそも僕は、すき焼きが大好きです。僕が子供の頃、サッカーで活躍したり、テストで100点を取ったりしたら晩御飯がすき焼きでした。父も料理人なので、目の前で作ってくれるのが本当においしかった。そういう記憶が発想のベースにあったと思います。

すき焼きの既存の有名店は、たいていコースがどこも似たり寄ったりです。あまりにも長い間、型にはまったままなので、僕が「編集」したら、絶対に勝てると思ったんです。

例えば、すき焼きを食べに行って、野菜に期待する人はあまりいませんよね。そこにも死角があると思いました。

だから『㐂つね』では、野菜にも徹底的にこだわっています。

特においしいのは、れんこん。佐賀の黒木農園さんから仕入れている、糖度が13%もあるれんこんで、僕は日本一おいしいと思っています。

このれんこんは肉の前に出すのですが、「もう肉、いらないじゃん」と思うくらいうまいと思います。

よくあるコースでは、前菜にお刺身が出ますが、これもやはりおざなりなものが多い。でも『㐂つね』はそこもこだわって、うちのレストランと同じくらいのクオリティの魚を出します。

ただし、もし前菜がたくさん出てきて、肉を食べる時にはもうお腹がいっぱいになっていたら最悪です。前菜をちょっと口にして、食欲が刺激された時にお肉を食べたら一番おいしい。

メインは、もちろん肉ですが、ちゃんと味わえるのは、大体3枚くらいだと思います。その3枚の肉だけでなく、そこまでの前菜の量などももちろん細かく計算しています。

3枚の肉は、それぞれ違う味で食べていただきます。最初はシンプルに薄味、2枚目は有名な大阪・堺のやまつ辻田さんの極上七味、3枚目は山形のだしやポン酢など、季節によって異なります。また卵や肉の焼き方も、それぞれ違います。

そして最後はすき焼きを食べて口が甘ったるいところへ、ものすごく酸味のきいた一口そうめんを出します。手前味噌ですが、こういう発想は老舗ではなかなかできないのではないでしょうか。

『㐂つね』のご飯も、めちゃくちゃおいしいです。すき焼きの甘じょっぱさにご飯は必須です。ご飯もお米から炊き方まで、こだわり抜きました。

そしてすき焼きと言えば卵ですが、卵は三つお出しします。

その卵も、一回ごとに変えています。最初はプレーン、二つ目は世界一おいしい七味を入れて、そして三つめは大根おろしと酢を入れて、少し酸っぱくしたもの。

とにかく僕は、すき焼きに新しい視点を持ち込めば必ずそこにブルーオーシャンがあると思い、始めたらやはり予測は当たりました。

すき焼きを食べたことのない人はいないでしょう。それはつまり、みんなの中に、すでに基準があるということ。それとは異なる全く新しいものや大きく上回るものを作れば、感動体験になる。比較対象があるものは、ある意味で感動を生むものを作りやすいと思います。

僕はどんなことでも型にはまってはいけないと思います。型にはまるということは、新しいものを作ることをあきらめるということ。

自分はその道の大家なのだとあぐらをかき、進歩をやめると、そこから衰退が始まるにちがいありません。

スペシャルな演出にこだわる

すき焼きレストラン『㐂つね』には、「すき焼き師」という、ほかにはいない専門の職人がいます。

繊細なレストランなどには、お茶を点《た》てる専門の人がいたりします。たぶん裏千家とかの人なんでしょうけど、そういう人が出てきてお茶を点てると、お客さんは一種特別な雰囲気に包まれる。あれをヒントにして、「すき焼き師」を思いつきました。『㐂つね』では、すき焼き師が、トングや卵を溶く泡立て器など、風呂敷に包んだ道具一式を持ってきます。そして「今日はありがとうございます。すき焼き師の○○です。ただ今より、焼かせていただきます」と言って肉を焼き始めます。「すき焼き師」というネーミングも含め、これらはすべて演出です。こういう演出も、もちろん「モテ」の一環です。すき焼きを食べに来る人に、どういう風にすればインパクトが残せるかを考えました。

仲居さんが焼いてくれる普通の店の場合、誰が焼くかというところまでは考えていない。そこを掘り下げたわけです。お客さんのところに作務衣を着た、独特の風貌の人が風呂敷を持って出てきたら、絶対ヤバい。風呂敷も凝ったもので、箸も細くてきれいなら、必ずエンタメになります。

将来的にはすき焼きの出張サービスを考えています。もちろんすき焼き師も同行します。出張サービスですし職人が来るのと、同じような感じです。すごく面白いと思いませんか？

僕は今まで「幸せの分母を増やす」ことをポリシーとしてやってきました。ただ現実的に考えると、そういう業態は、1万円を超えないのが前提にあることがわかってきました。1万円を超えると、お客さんは料理の向こうに「人」を求めるようになります。

居酒屋で5000円を払って料理が出てきても、それを誰が作ったかなんて、誰も気にしない。でも、1万円以上払う店、例えばうちの店だと、やはり鳥羽さんに作ってほしいということになる。

だから今、うちで一番高い『Hotel's』は、僕に代わる個性のあるシェフがいないから、ちょっと苦労しています。

『茁つね』にすき焼き師がいるのも、この点を考慮した面がある。特別な人に焼いてほしいという気持ちがお客さんにはあると思うからです。

ネーミングにこだわる

「すき焼き師」もそうですが、僕は新しい企画や商品を立ち上げる時に、ネーミングにはとことんこだわります。

この本のタイトルだって、そうです。最初、タイトル案の中には「選ばれる仕事論」というのもあったけど、あえて「モテる仕事論」にしたのは、「モテる」という方が身近に感じられるし、恋愛という誰もが気になることにかけた方が、インパクトと広がりがあると考えたからです。

ちなみに僕の考えたネーミングで最もわかりやすいのは、第1章でも触れた「感動ハンバーグ」。

味というのはすごく微妙で、表現するのが難しい。食べた人が本当においしいと感じて、「ジューシーで香ばしくておいしかった」と言っても伝わりにくい。でも「感動ハンバーグ」という名前にすれば、食べた人は「感動した／しない」の二択でシンプルに答えられる。

僕としては味には自信があるから、「感動した」の声は一気にSNSで広まるにちがいないと考えました。実際そうなったので、これも僕は狙い通り「モテた」ということです。

常識を疑うところから、新鮮味が生まれる

僕は料理というものは、味に負けず劣らず、見た目が重要だと思います。それゆえ一皿一皿、パッと見た瞬間、お客様がどういう印象を受けるかを考えます。皿全体に対して、どれくらいの量の料理を盛るか。それは余白をどれくらい取るかということです。

常に考えているのは、真上から見たビジュアル。縁の広い器の場合、料理を真ん中に小さく盛り、余白を大きく取る。そのコントラストが、お客様にとても美しく強い

印象を与えるでしょう。反対に指でつまんで食べる料理では、あえて器からはみ出すように盛り付け、手に取りやすいようにします。

料理そのものの色も、もちろん重要です。

料理の色は三つに分けられます。単色、2色、3色以上のカラフルなもの。僕はこの三つに分けて、料理を考えます。

例えば、赤紫色のビーツを生かした皿の場合は、赤っぽい色のものばかりにしたり、さわやかさを出したい時は、野菜の緑に白のソース、というツートーンにしたりします。コースでは、これら3パターンを、変化をつけて取り交ぜます。1色が続くと単調になるし、逆に色の多いものが続くと、視覚的にうるさくなるからです。

でも、きれいなだけでは能がありません。たいていの人が好むようなポピュラーな料理だと、故意に乱雑な盛り付けにすることもあります。これはおいしさに強い自信がある場合です。

なぜそんなことをするのかというと、あえて見た目を悪くすることで、一旦お客様の期待値を下げておくためです。そして口に運ぶと、期待値が低いため、ただでさえおいしい料理の感動が倍増します。これはいわゆるフェイント攻撃のような、少しひねりを加えた、作り手の「攻め」です。

自分の店で使う皿にも、徹底的にこだわっています。今『sio』のお皿は、韓国の陶芸家のジ・スンミンさんという方に作ってもらっています。今のレストランのお皿は、ヨーロッパや日本の作家さんのものを使っているところがほとんどですが、他と被らないものを探していたところ、ジさんに出会いました。

あまり他のレストランが使っていない「グレージュ」という色を選択し、ちょっと厚みのあるお皿にして、既存のレストランのお皿の規格よりも1・5センチくらい小さく作ってもらいました。色はすべてグレージュに統一。僕が発注したものを、ジさんに作ってもらうという形です。

僕は特にパスタのお皿にはこだわりがあります。

以前、デザインのよさだけではなく、パスタを本当に食べやすくするために、徹底的に自分のノウハウを反映させてお皿を作ったことがあります。

シェフにとって、料理を作ることも大事だけど、お皿にもこだわるのは至極当然ではないでしょうか。出来合いのもので済まさずに自分の理想にこだわることは、おいしさにこだわることと同じです。

またお客さんに「このお皿、めっちゃセンスいいですね」と言ってもらえると、そこから話が広がり、そのお客さんには、より料理をおいしく感じてもらえます。

僕のお店には、お皿だけでなくユニフォームや音楽、そしてアートも、全部センスのいいものを集めているつもりです。

特に『sio』では、センスのいいものを堅苦しくなく、カジュアルな感じで提示しています。そのため、ほかのレストランでは緊張する方も、『sio』では緊張しないと感じてもらえると思います。

センスのよさも、「モテ」に必要不可欠な要素なのは言うまでもありません。さらには香りも大事です。僕のお店でいうと、トイレの香り。うちでは、マドエレンというブランドの、ものすごくいいポプリを使っています。実際、女性のお客さんに「トイレの香り、素敵でした」とよく言われます。女性はそういうところに敏感なので、モテるには香りのセンスをぜひ磨いてもらいたい。

ちなみにポプリなど、香り系のものは女性へのプレゼントにとても向いています。服などは好みもあるので難しいですが、ポプリのすごくいいものだと、自分では買わなかったりするので必ず喜ばれます。

センスはロジックの上に成り立つ

ビジネスにおいて一番ポイントになるのは、センスや感覚ではなく、結局のところロジックがあるかないかだと思います。

ロジックは努力で得られるものであり、センスや感覚より強い。センスや感覚は、あくまで個人的なもので、「わかる人とわからない人」の壁に阻まれてしまう。

一方、ロジックは普遍的です。壁がなく、場合によっては無限の広がりがあります。さらにセンスや感覚は、どこかあやふやで不安定ですが、ロジックは揺るがない。センスや感覚で物事に向かうとギャンブル性が出てしまいますが、ロジックだとそういうことはありません。勝つべくして勝つということです。

例えば、相手に何を伝えるか。もう少し強い言い方をすると、いかに相手を刺すか。そこで一番効果的なのはロジックです。

僕も以前は、少しもロジカルではなく、「気合いを入れたら必ず刺さる」とか、「とにかく、まくしたてればいい」とか、そんな感覚的なことばかり考えていました。でも経験を積むうちに、感覚よりもロジックの方がずっと強いことがわかりました。

例えば、うちの店では僕が厨房にいなくても、僕の味がそのまま出せていることに、よくお客さんが驚かれます。こう言うと、僕が細かいレシピでスタッフを管理していると思われるかもしれませんが、全くそうではありません。

そもそも僕はスタッフをうるさく縛り付けたりはしません。ただ、ものすごく密にコミュニケーションは取ります。

料理についても、僕はロジックに落とし込みます。そのロジックがしっかりスタッフに伝わり、浸透しているため、僕がその場にいなくても、僕が作るのと変わらない料理ができるのだと思います。

僕がスタッフに伝えるロジックの一つに、「うま味のリュックサック」というのがあります。

例えばバターは、脂の固まりですから、無塩で食べてもおいしく感じません。塩が入って、初めておいしく感じます。かつお出汁も同じです。かつお出汁も塩が入っていないと、香りだけでうま味を感じない。塩を加えることでおいしく感じます。

つまり、うま味というのは得体の知れない、何かフワフワしたもの、形のないものなのです。それがどういうものかはっきりさせるのが、塩なのです。ぼんやりしたところに塩が入ると、うま味というリュックサックが現れる。

うま味のリュックサックには容量があります。塩が多すぎると、形崩れを起こし、しょっぱさが前面に出てしまう。一方うま味の量が多いと、苦味や酸味など、ほかのいろんな味を詰められます。つまり塩が出せるのは、うま味の輪郭です。うま味の中に詰めるものを全部塩にすると、しょっぱくなってしまいます。

輪郭を出せるのは、塩だけではありません。酸味でも輪郭が出せる。うま味の容量を10として、塩を6、酸を4にすると、塩を10にするより、輪郭がくっきりします。でもそれだと今度は味が尖るので、甘味を加えると、ほどよく甘じょっぱくなったり、甘酸っぱくなったりします。そのバランスで味は決まります。

細かい「引き出し」を持ち、ロジックに落とし込む

「うま味のリュックサック」をわかりやすくするために、手始めにプリンで説明しましょう。

プリンは一見、すごくシンプルなスイーツですが、輪郭がないと甘ったるいだけになってしまう。そこへバニラビーンズやカラメルソースの苦味が加わることで、輪郭が出ます。またレモン果汁などの酸味を加えることでも、輪郭が出せます。

吉野屋の牛丼も「うま味のリュックサック」で説明できます。牛肉のうま味の容量があって、そこへ醤油の塩味で輪郭が付き、タマネギの甘さでバランスを取ります。最後に紅ショウガの酸味と苦味が入ることで、とても完成した味になっています。また七味をかけると、そこに辛味も加えることができます。

僕たちのレストランのコースでも、ロジックは同じです。

例えば3皿目は、肉を多く使った、ボリュームのあるものにすると、脂っこいから、

ほろ苦いトレビスを入れようかとなります。あるいは、輪郭は塩味だけで出すとして、リンゴのサラダを付けてみようと思ったりします。リンゴの酸味が入ることで、脂っこさを消すことができる。そこへナッツのやや硬い食感やタマネギのシャキシャキした食感を加えることで、味に豊かさが生まれます。

つまり一つの料理に入れることのできる味の量には、限度があるということです。味の量は、うま味に比例します。そしてうま味の量が多ければ、塩味や酸味などほかの味を増やすことができ、よりおいしくなります。

反対にうま味の量が少ないと、ほかの味を加えた時、キャパを超えてしまい、その味が悪く際立ちます。うま味というリュックサックの大きさによって、そこにどれほどほかの味を入れられるかが変わってきます。

例えばすき焼きの場合、牛肉と醬油の濃厚なうま味という大きなキャパがなければ、塩味と砂糖の甘味ばかりが前に出た、あまりいただけない料理になってしまいます。すき焼きでは、砂糖の甘味が塩味の角を取りながら、融合していますが、それはうま味の大きなキャパがあってこそ。すき焼きのおいしさの仕組みはシンプルですが、とてもよくできた料理だと思います。

僕たちが奈良に出しているすき焼きレストラン『㐂つね』には、「すき焼きちらし重」という看板メニューがあります。

名前からもわかるように、すき焼きとちらし寿司を組み合わせたものです。このメニューはすき焼きと比べると、味の要素がとても複雑です。牛肉のほかに、ほうじ茶の香りを移した酢飯、割下でくたくたに煮込んだタマネギ、れんこん、数の子、かまぼこ、コリアンダー風味のマヨネーズ、角切りレタス、トレビス、フライドオニオン、イクラ……全部で20種類もの要素が入っている。

もちろんそれぞれの要素に味だけでなく、風味や食感があります。これだけ多くの要素が入ると、統一感のないバラバラな味になりそうですが、実際口にしてみればわかるように、全くそんなことはなく、一つにまとまったおいしさが感じられます。

僕が「すき焼きちらし重」を生み出したベースにも、「うま味のリュックサック」があります。すき焼きの牛肉と割下のうま味には、とても大きなキャパがあるため、相当多くの要素を詰め込んだ料理を作ることができる。それは新しい料理であり、新しいおいしさにちがいないと考えたのです。

シンプルな料理には、シンプルな味のよさがありますが、一方で飽きやすいという弱点もあります。そこにいろんな要素を加えると、味に奥行きが生まれ、飽きにくくなると思ったのです。

僕は『sio』での料理を「レイヤー」という発想をベースに作っています。「レイヤー」とは「層」、つまり何かが次々に重なっていくようなイメージです。

例えば、『sio』のコースで出している「鮭、ふきのとう、ホワイトアスパラガスを使用したリゾット」。

リゾットはフレンチだけではなく、イタリアンにもある裾野の広い料理です。僕はフレンチでもイタリアンでも修業していますので、どちらのリゾットにも心得があるつもりです。

『sio』のリゾットを分解すると、うま味はパルミジャーノ、ミモレット、カラスミ、苦味はふきのとう、ホワイトアスパラガス、トレビスとそれぞれ三つのレイヤーがあります。

甘味は西京味噌。酸味はトレビスをサラダ仕立てにすることで加えます。塩味は鮭、西京味噌、チーズ、カラスミ。辛味はちょっと変化球で、七味を足します。

食感はトレビスのサラダ、ホワイトアスパラガス、キャラメリゼ（砂糖を加熱してこげ茶色にし、食材をコーティングすること）したナッツ、アルデンテの米。

ところで僕は、最近はもう料理の試作はしません。ロジックをもとに、要素を組み合わせたものを作ると、必ずイメージ通りになるからです。

なぜそうなるのか。それはこれまでの経験で、自分の中に非常に細かい「引き出し」をたくさん作ってきたからです。

例えば酸味と一口に言っても、ものすごくたくさんの種類があります。ビネガー、野菜、果物……。またそれぞれの中で、さらに細かく分かれます。

甘味に対しての酸味というロジックでいえば、ショートケーキはホイップクリームの甘味にイチゴの酸味が欠かせませんが、全く別のもの、ホイップクリームとサラダという意外な組み合わせが、場合によってはいいこともあります（理論上は）。

細かい引き出しをたくさん持ち、ロジックを適用すると、さまざまな組み合わせから無限の料理が生まれます。だからアイデアが枯渇することがないのです。

ロジックにエッセンスを加える

僕の「うま味のリュックサック」を補完するロジックに、「5味＋1」というのがあります。

「5味」とは、味覚のベースにある「うま味、塩味、甘味、酸味、苦味」のこと（最近の研究では脂の味もベースにあることがわかってきたので、6味と言い換えることもできます）。

そして「＋1」は、香りや刺激、食感を言います。「5味」をベースに「＋1」を加えることで、さらに上の「おいしい」を作り出すことができます。

「おいしさ」は単に味だけでなく、視覚的な要素やその時々の環境に影響されるフワッとしたものだと先程言いましたが、一方で多くの人がおいしいと感じるものには、共通のストライクゾーンがあります。「5味＋1」はこのストライクゾーンに、ぴったり当てはまる料理を作るためのロジックです。これを知っておけば、案外簡単においしさの質を高めることができます。

僕がこのロジックに気付いたのは、『sio』をオープンして1年ほど経った頃でした。お客様にもたくさん来ていただき、営業的には満足だったのですが、料理人として僕の中に、何かまだ道半ばという感覚がありました。これは言葉にはしづらい、とても微妙な感覚です。

そこから新たな一歩を踏み出したいという思いから、いろんな料理にチャレンジしました。その中に「サワラのポワレにグリーンカレーのソースを流し、付け合わせにタケノコとピーマンのソテーを添えた前菜」があります。

ポワレとは、カリッと香ばしく焼き上げる調理法のことです。そしてポワレの上に、ふき味噌とピスタチオのローストを載せます。こう言うと、「あまり合わないんじゃないか」と思われるかもしれません。ところがこの料理は、そのシーズンのコース料理の中でも、突出して評判がよかったのです。

この料理には、サワラやタケノコのうま味と塩味、グリーンカレーの甘味と酸味、辛味、ピーマンやふき味噌の苦味といった要素が入っています。ベースの5味に、新たに苦味、そして辛味という、何かちょっと異質なものがプラスされた味わいがあります。

自分でも、この料理を口にした時、何かが閃きました。同時に「これだ」と、とても大事なことがわかった気がしました。

僕は「5味＋1」を、強いて一つの料理に収める必要はないと思います。何もかも同時に感じることだけが、味ではありません。味というものは、一続きの時間の中で感じるものです。

すごく簡単な例で言うと、フライドポテトを食べた後に、ワインやビールを飲むと、とてもおいしいと感じます。それはフライドポテトのうま味と塩味に、ワインやビールの渋味や苦味がプラスされるからです。僕の「5味＋1」は、誰もが無意識に知っている感覚を昇華し、自分なりにロジックにしたものです。「5味＋1」、これを意識すれば、きっと料理の腕は上がります。

「うま味のリュックサック」と「5味＋1」を、新時代のファミリーレストランをコンセプトにしたうちの店、原宿にある『FAMiRES』を例に取って考えてみたいと思います。

『FAMiRES』の料理は、お箸でも食べられるあの懐かしい洋食に、僕たちの新味を加えたものです。老若男女が懐かしさを感じると同時に、味の面では懐かしさを超える感動を目指しています。

メニューの中では、海老フライにかなりの自信があります。この構成要素を細かく分解した上で、ロジックに当てはめてみたいと思います。

海老フライの構成要素は三つです。プリプリした柔らかい身、サクサクした歯ごたえのある衣、そして甘酸っぱいタルタルソース。

ここでもまず、うま味の輪郭を出すため、塩味が大事です。それは海老そのものに、下味として付けます。海老にはもともと甘味があります。なので、塩で味に輪郭を出すと同時に、海老本来の甘味も引き出します。

でもこの場合、後でタルタルソースが加わることを忘れてはいけません。それとの共存を考え、下味の塩は薄味にしなければなりません。そういう支えの下味があってこそ、タルタルソースが口の中で踊り出すのです。

下味として塩があるからこそタルタルソースの酸っぱさが生きます。またタルタルソースも、酸味だけではありません。そこにハチミツの甘さが入ることでコクが出ます。

こんな風に「うま味のリュックサック」や「5味+1」のロジックを意識しながら料理を作ると、味が平板にならず、奥行きが出ます。また少し迷った時も、「5味+1」を思い浮かべることで、基本を押さえられます。

第 4 章

できるかできないか
じゃない、
やるかやらないか

あきらめずにやり続ける覚悟を持つ

僕がシェフを志したのは、かなり遅かったと思います。僕はずっとサッカー選手になりたかったのですが、挫折しました。その時は、本当に絶望しました。サッカーをやっていたのは27歳まで。本気でずっと、プロの選手になるつもりでいたし、死ぬほど練習してきたつもりです。

小学生の頃からプロになるとはっきり決めていたし、中学と高校もサッカーの強い学校に入り、猛練習し、大学でも同じように猛練習しましたが、大学を卒業する頃になってもプロにはなれませんでした。僕はやむをえず教員免許を取って、小学校の先生になりました。そして先生をしながらも、まだあきらめずに練習していました。

でもその頃になると、僕の中に疑問が生まれました。あらゆるスポーツには、年齢という大きな壁があります。人間である以上、それは誰も動かせません。プロになる夢をあきらめる。それは僕には、ものすごくつらいことでした。心のどこかでは、もう無理なことはわかっている。それでもあきらめ切れず、練習しました。そんな苦しい期間が3年ほどありました。

でも、とうとうあきらめる時が来ました。それから僕は、かなりの間、絶望と虚脱感を味わいました。

僕がプロのサッカー選手になれなかったのは、自分がプロになった時の、はっきりしたイメージがなかったからかもしれません。

子供の頃からずっと変わらないぼんやりしたイメージだけで、例えば「埼玉スタジアムで浦和レッズの8番として試合に出る」「その5年後には日本代表に選ばれる」というような具体的なイメージを持ったことがなかった。

夢をかなえるためには、その夢がかなった時の具体的なイメージが絶対に必要だと僕は思います。

人間は誰でも、底知れぬ力を持っています。はっきりした目標を持ち、そこに向かって努力し続けると、その力が呼び覚まされるのです。

反対に目標がはっきりしていないと、自分では一生懸命のつもりでも、努力が結集せず、夢をかなえる潜在力のようなものが呼び覚まされないのだと思います。

一方、料理人になる決心をした時は、そういう自分のものすごくはっきりしたイメージが浮かびました。コックコートを着て、厨房に立っている自分。お店の雰囲気や自分の立ち居振る舞いまで、目に浮かぶようでした。サッカーをやっている時には全くなかったイメージです。

その時僕は、「これは絶対にいける」と強く思いました。実際それからは、一度も「なれないかもしれない」と思ったことはありません。

僕が料理人になることを決めた時、サッカーで挫折した時のつらい気持ちを二度と味わいたくないという思いがありました。

そしてこれが天職だと思ってからは、もう恐れることがなくなりました。とにかく圧倒的に人の何倍も努力して、突き抜けると心に決めたのです。

だから最初の頃はずいぶん無茶をしました。履歴書とリュックサックだけを持って、働きたいと思う店にいきなり行き、「今日から働けます」というようなことばかりしていました。「無理です」と言われても、次の日の朝5時に店の前で待っていて、勝手に働いたりしました。

最初に行ったのは、都内の某イタリアンレストラン。ミシュラン一つ星の有名店出身のシェフの店です。最初、「お前みたいな素人には無理だ」と言われたのですが、次の日に牛乳を10本くらい買って行き、「カプチーノの練習をします」と言って、勝手に厨房に入って練習しました。

次はミシュラン二つ星のフランス料理の名店です。その店のシェフを知ったのは、『専門料理』という料理の雑誌を見たのがきっかけでした。

それはデザート特集の号で、ぺーぺーの僕と、僕の作ったデザートを載せてもらったのですが、ものすごくダサかった。

一方その店のシェフは僕と同い年なのにトップシェフみたいな扱いで、しかもイケメン。そのあまりの差にショックを受け、またいきなり行って「こちらで働きたいです」と申し出たのです。

もちろん最初は「無理です」と断られたのですが、毎日勝手に行って掃除などをして、半年間無給で働きました。

その店は朝から晩までものすごく忙しくて、働いている時によく眠くなったものです。でも寝るとクビになるので、眠気覚ましにわざとオーブンで、手をただれるほど焼いたりして働きました。

「自分ほど熱量を持って努力している人間はいない」という気持ちが僕の支えでした。今思うと、相当な無茶もしましたが、当時の僕に恥ずかしいという気持ちはありませんでした。

でも僕は、その頃の自分を評価しています。何としても料理人になってやるという熱意と努力ゆえ、本当に料理人になれたからです。もし当時の僕が、『sio』で働かせてほしいと言ってきたら、僕は間違いなく雇うでしょう。

実際、熱意は、僕の採用基準になっています。一度断られて、すぐに引き下がるような奴は物にならないと僕は思います。とにかく根性でぶつかってくるような人間なら、僕は必ず採用します。

人生は日々選択の連続です。人は何かしら選択しながら生きています。AとBという選択肢がある場合、人は必ずどちらかを選ばなければいけません。そしてAを選ぶと、それがよかったにしろ、よくなかったにしろ、何らかの気付きを得ます。Aを選んだ気付きはBを選んでいたら、得られなかったものです。

逆に、Bを選んで結果がよくなかったとして、なぜAを選ばなかったのだろう、と後悔することは馬鹿げています。Bを選んでその時は結果がよくなくても、何らかの気付きは得られたはず。その気付きはAを選んでいたら、決して得られなかったものなのです。

結局、成功の秘訣は一つしかないと思います。それは絶対にやめないこと。やめたらもちろん、そこで終わりです。

最近僕が思っているのは、考え続けることとやり続けることが、とにかく大事だということ。この二つを続けることが、結局モテにつながるし、成功にもつながると思っています。

やみくもにやるのではなく、相手がどういう風にすれば喜ぶかということを常に考え、実行する。「これをやったら喜ぶな」ではなく、「これも喜ぶけど、あれも喜ぶんじゃないか。それなら、これはどうだろう」と何十、何百と考えて実行していくことが重要です。

だから大事なのは「やめない」ことではなく「続ける」こと。「やめない」ことも大事だけど、それ以上にもっと大事なのは「続ける」こと。本当に重要なのは、考えながら動き続けることだと思います。

ただ、意外とみんなそれができないんです。

例えば、筋トレをすごくストイックにやって、いい成績を上げているプロ野球選手が、球団からこんなことを言われたそうです。

「若い子にももっと筋トレをやるように言ってくれ」

するとその選手は「言ってもやらない奴はやらないし、言わなくてもやる奴はやる。続けるっていうことが一番難しいんですよ」と答えたそうです。

僕も四六時中料理のことを考えているし、店の売り上げをもっと伸ばすにはどうしたらいいかを常に考えています。逆にまわりを見ても「これでいい」と満足している奴は、必ずゆるやかに衰退していきます。

「モテ」も同じです。モテた途端に努力をやめると、結局「非モテ」に戻ってしまう。

この本では「どうすればモテるかについて」語っていますが、モテるのは始まりにすぎません。本当に大事なのは、モテ続けることです。

失うことを恐れない覚悟を持つ

これまで、仕事をしていく上で、いろんなピンチがありました。そういう時も何かを守ろうとするのではなく、「捨てる」ところから発想する。そうすれば、必ず切り抜けられます。なぜなら、失ってもいいと思う気持ちが心に余裕をもたらして柔軟に物事を捉えられるからです。その結果、一番いい策が思い浮かんで、本来失いたくなかったものを守ることができます。

「人生は山あり谷あり」と言いますが、全くその通りだと思います。そのように全体を見通した上で、谷の時にどうするか。これがものすごく大事。

コロナ禍の時もそうでした。僕がまず考えたのは、会社がつぶれることを覚悟すること。会社がつぶれてもいいから、とにかくお客さんのためにひたすらやろうと思いました。

そこで思いついたのが「トーバーイーツ」という宅配サービス。これは電車賃など配送料をこちらが負担するので、すべて赤字です。また、レシピも全部YouTubeなどで公開しました。こちらが損になるようなことをあえてやったのです。そうすることで、必ずピンチは乗り越えられるという信念みたいなものが僕の中にあります。人間はそんなに簡単にダメになったり、死んだりはしない。生きていく上でのモチベーション、これさえ途切れなければ、必ずピンチは乗り越えられる。僕はそう信じています。

例えば僕の場合は、料理で人を幸せにする。そこさえ揺るがなければ、大丈夫だと思っていました。そして実際、そうでした。

コロナ禍の時もスパッと決断できたから、その分早く、一気にV字回復できました。丸の内の『o/sio』などは、一時本当に売り上げがゼロまで落ち込んだのですが、設備など、逆に思い切って投資したら、今はコロナ前より売り上げが伸びています。

僕のようなケースは、ちょっと特殊かもしれません。でも、多かれ少なかれ、誰でも修羅場は経験すると思います。そういう時は、物事を冷静に捉えられなくなり、恐怖感に支配されてしまう。苦しい状況を打開するには、やはり失うことを恐れないこと、これに尽きると思います。

誰でも失いたくないものはあると思います。それは恋人かもしれないし、自分の会社かもしれない。もう少し抽象的に、地位や名誉ということもあるでしょう。

でも、僕が言いたいことは、ちょっと難しいのですが、本当に失ってもいいということではありません。

逆説的なようですが、大事なものを守るためには、失ってもいいというところに立たないと守れない。この矛盾めいた真理を理解できるかできないかで、人生は全く違ってくると僕は思います。

よその会社が不祥事を起こしたケースを見ていると、このことがすごくよくわかる。当事者には、失うことの恐怖心がどうしてもまず来てしまう。それでズルズルやっていると、よけいに傷口が広がってしまいます。

たいていのことはどうにかなるということを前提にすれば、攻めに出られる。また、やり切ることができる。

反対に、思い切ることができなければ、守りに入り、かえって悪い結果を招いてしまう。やり切ることができずに、途中であきらめたりしてしまいます。これは人生全般について言えることだと思います。

僕はコロナ禍の時、YouTubeで自分の店のレシピをほぼ全部教えました。ただしレストランの厨房でしかできないものは除き、家のキッチンでもできるものばかり。それも基本15分以内でできるものです。僕がなぜそんな風に、普通は秘密にしたがるものを惜しげもなく人に教えるかというと、それが人の心をつかむ最高の方法だと思うからです。

見城さんはある時、僕にこう言ってくれました。

「ビジネスを成功させるには、繊細なだけではダメだ。〈天使のようにしたたかで、悪魔のように繊細〉でなければならない。鳥羽は、それを意識的にやれている。だからこそ、料理界にここまでの旋風を巻き起こせたんだ」

〈天使のようにしたたかで、悪魔のように繊細〉

なるほどと思いました。僕はその言葉を額に入れ、部屋に飾りたいくらいうれしく思いました。

「モテる」べき対象をはっきりさせる

『sio』は2020年にミシュランの星を取って、すごく有名になりました。

当初はクリエイターや先鋭的なビジネスパーソンのお客様が多かったのですが、ミシュランをきっかけに広い層のお客様からの予約が増え、あまり尖っていない、わかりやすい料理、キャッチーな料理をお出しするようにしました。

でもその結果、本来僕らがやりたかったもの、自分たちが一番大事にしなきゃいけないものが、いつしかちょっと薄まった感じになっていました。

だから僕は気分を一新して、自分のセンスをもっと尖らせ、突き抜けた方がいいんじゃないかと思いました。そして『sio』という店を、飲食店で働く多くの人の目標になるよう、めちゃくちゃカッコよくしようと思い、振り切りました。

まず内装を変え、照明を極端に暗くしました。

最近は、食べログに「照明がもっと明るかったら、料理がきれいに撮れたのに」と書かれたりしています。確かに、料理がきれいに撮れてインスタ映えするので、照明は明るくするのが一般的です。ミシュランに選ばれるような店で、ものすごく照明の暗いところは日本にはほとんどありません。

でも、実はこれは自分たちの狙う層を引き付けるための戦略です。

最近の海外の先鋭的なレストランは、照明が暗い店が少なくありません。実は、白人は目の色素が薄く、明るいのが苦手だからそうしている面もあるのですが、海外のレストランを知っている人や、ああいう雰囲気に憧れている人は、あの暗さがおしゃれでカッコよく見える。

店や料理の写真をインスタグラムなどに載せてくれれば、宣伝になり、より多くの集客を見込めるのはたしかです。だから照明を暗くすることは、本当は機会損失です。でも、それを捨てて、ろうそくの灯りがメインの、暗くてカッコいい雰囲気の方を取りました。

料理の写真の発信は、自分たちのＳＮＳだけで十分。それより「あの人が行って、めっちゃおいしいって言ってるみたい」とか「雰囲気、超よかった」といったコメントがＳＮＳや食べログなどで上がる方が、絶対勝ち筋があると思っているし、実際そうなっています。

また、ホールスタッフのファッションも、カジュアルな方に振り切りました。古着のラルフローレンのビッグサイズシャツを、カッコよく着こなしています。これも狙いです。今、ミシュランの星を取っていて、そんな格好をしているところはありません。

これで客単価3万円は我ながら大胆だと思いますが、お客さんはみんな「イケてる」と言ってくださいます。そして格好はカジュアルでも、一人一人の技術はミシュランレベルです。

スタッフはワインに詳しいし、料理にも超詳しい。雰囲気に凝っている店はえてして料理はあまりおいしくなかったり、料理がおいしい店は、その分雰囲気にはこだわっていなかったりしがちです。

でも、僕たちみたいに両方を兼ね備えた店はちょっとないと自負しています。

そういう尖ったセンスの店にすることの不安はありました。一部の人には受けても、すべての人に理解してもらえるとは限りません。

でも自分たちのセンスを売りにした方が、スタッフもモチベーションが上がると思い、思い切って実行しました。すると食べログの評価が急上昇した。予約もビッシリで、振り切ったことをしたのが、功を奏しました。

これはつまり、マス（大衆）に対してのクライアントワークをやめ、センスの解像度を上げたということです。

『sio』はもともと尖ったセンスの店でした。それが裾野が広がるにつれ、そちらにアジャストさせすぎました。角が取れ、ほかとの差別化が難しくなった。だからコンセプトを極端に振り切ることで、原点に戻ったようなところがあると思います。

スタッフもみんなまた、すごく勉強熱心になっているのを肌で感じます。このエネルギーは『sio』を始めた頃に近い。

ただ一周回っているので、その分の経験があり、前よりもっとレベルアップしています。やはり経験はとても大事です。今は前に積み上げたものの上に、さらに積み上げている感じがします。

社内のスタッフは今みんな、『sio』で働きたがっています。だから『sio』は今、狭き門です。社内でセレクションして、ちゃんと結果が出せた人でないと行けないようにしています。それがみんなのモチベーションにつながっているのです。

最近、僕はうちのスタッフにこう言っています。

「大事なのは、店のスタンスだ。自分たちのカルチャーで突き抜けよう」

この姿勢がお客さんにも刺さっていると実感しています。実際多くの人に「めちゃくちゃカッコいいね」と言われます。

広がった裾野に合わせるのではなく、本当に自分たちがカッコいいと思うことをやれば、刺さる人には刺さる。その方が結果的に売れるということです。

クライアントワークをしすぎていないという意味では、純度の高いモチベーションが今僕にはあります。クライアントワークをしすぎると、どうしてもモチベーションが下がってしまう。自分のやりたいことをやるのではなく、来た球を打ち返しているだけみたいになってしまうからです。

だから本当の意味で「モテる」ためには、ときには、自分のセンスをそのまま世の中や相手に向けて投げてみることも必要なのかもしれません。

徹底的に自己をブランディングする

今、『sio』でやっていることはいわば、店のリブランディングです。

本当はもっと前に突き抜けたことをやりたい気持ちはありました。でも、ミシュランに縛られていたから、なかなかできなかった。確かにクライアントワークをする上で、ミシュランの星は有利です。僕が携わると、「ミシュラン一つ星シェフ監修」と銘打てるから。

でも今は星がなくなった。星があった方が、集客できますが、なくても違うやり方で集客できるなら、星はなくてもいいかもしれない。そして縛りがない分、自由にできる。

また、僕自身に最近、レシピを配信するユーチューバー的な印象がつきすぎていました。それはいい面もあるけど、やはりクリエイターとしては弊害です。

僕の軸足はそこではない。僕はやはり料理人。そこをはっきりさせた上で、突き抜けないといけないと思った。

「鳥羽周作ってこんなセンスのいい料理を作っていて、最高にヤバいな。しかもクリエイターとしてしっかり活躍している。ミシュランとか関係なく、世界に行っちゃってる」

こんなところまで行くと、もう誰も文句を言わないはず。そうなれば『sio』の価値も上がることになるので、このタイミングしかないと思ったんです。

実際『sio』のリブランディングは、僕にとってチャレンジです。これが本当に成功したら、僕の新しいモテ方ができたということ。ナチュラルな格好よさでモテるかどうかという、新境地に向けたチャレンジでもある。だから僕は今、結構ヒリついています。

センスがあって、料理のこともよくわかっている人たち、本質がわかっている人たちに、僕のセンスを試すチャンスが巡ってきたのです。そして、そういうヒリついた状態も結構いいなと思っています。

僕は今、リブランディングの先に、世界を見据えています。野球にたとえるならば、僕たちは一応日本での評価はいただいたわけだから、次はメジャーリーグ。

海外のクリエイターがうちの店に食べに来て、「ヤバいね、こいつ」と思ってくれたり、世界で戦っている日本人が外国人を連れてきて、そう思ってくれたりしたらうれしい。

そうなるためには、まず日本のトップクリエイターに来てほしい。日本のトップクリエイターが来店してくれれば、彼らは世界のクリエイターともつながっているから、必ずそうなると思います。

結局、誰に評価されたいかということがすごく大事なんだと思います。

僕は今、食べログの点数が高いから来るという人より、「わかってる人」に評価されたい。スタッフの服装を見て、「センスいいな」と、パッとわかるような人に来てほしい。それは「誰にモテたいか」に重点を置くこと。そしてそれを決めたら、ブレずにやり抜くことも大事です。

僕が今言っていることは、いわゆるマーケティングでは、コンセプトやペルソナという言葉で語られていたと思います。でも、それだと堅いし、いまいち響かない。それより「モテる」という言葉でくくった方が、わかりやすいし、響くと思います。

今僕たちが『sio』で追求していることは、一般的な評価の基準からは外れている。あえて逆張りしているようなところがあります。

例えば、炭火焼きとイタリアンをナチュラルワインとともに楽しめる丸の内の『o/sio』を大箱にしたのも、一種の逆張りです。

ナチュラルワインのようなおしゃれなワインを出す繁盛店は、20席くらいの小規模店がほとんど。お客さんは「ここのマスターのマニアックなワインのセレクトが好き」というような人ばかり。でも、「ナチュラルワインって何かおしゃれだけど、私、そんなに詳しくないし」っていう人もたくさんいる。丸の内の『o/sio』はそういう層を取り込みたかった。だから大箱にしたんです。

おしゃれなんだけど、入りやすくて、ナチュラルワインを気軽に一杯飲めるという風にしたら、これも当たりました。『o/sio』は今、女性客が9割で、毎日席は埋まっています。

一般的な基準は、決して絶対ではありません。どんな選定でも、審査員の見る目がないこともある。その場合本当にいいものを見落としてしまう。一般受けに偏ることもあるでしょう。だから僕たちはそういうものはもう意識せず、我が道を行くということです。

結局モテるとは、漠然と人に好かれることではない。この人にモテたいという意中の相手にモテることだと思います。

そう考えると、「誰にモテたいか」をはっきりさせることは、とても大事。これは仕事でも恋愛でも同じです。

みんなにモテるのではなく、モテるべき相手をまず絞る。対象を不特定多数にすると、幅が広がりすぎて刺さりづらいからです。「この人にモテたい」とか「この企業にモテたい」とかいう風に対象を決め、狙い撃ちすることで、精度の高い準備ができます。

誰かが歌舞伎町のキャバクラにいるようなギャルにモテたいと思ったとしましょう。それで策を練って、そういう女の子にモテたのならオーケー。清純派の子にモテる方がいいと言う人もいるかもしれないけど、本人がそこを狙っていないのなら文句はないはず。狙いに対する結果が大事だということです。

モテる仕事論で一番大事なのは、ここです。

どうすれば狙いが当たるか。これに尽きます。そのためにはまず誰にモテるかを決めなければならない。そしてモテるためには何をすべきか、順序立てて考えなければなりません。

「モテ」はあくまで手段、目的ではない

ここまで、「モテる」ための方法論について述べてきましたが、「モテる」ことはビジネスで成功するためのあくまで〝手段〟です。目的ではありません。

モテることがゴールになると、そこで終わってしまう。確かにモテると可能になることはたくさんある。でもやはり、その先を考えることが重要です。

恋愛での「モテる」は、それが目的です。この人にモテたいと思い、いろいろ手を打つ。そして付き合えれば、目的は果たしたと言えます。

でもビジネスの「モテる」は、その先がある。というか、その先の方が大事です。

仕事が決まったら、次はそれを成功させなければならない。仕事が決まることが目的だと、そこで終わってしまう。

例えば僕がセブン－イレブンにモテたいと思う、つまりセブン－イレブンと仕事がしたいと思う。

首尾よく仕事が決まり、僕が監修するコンビニ弁当を作ることになった。でも、そこで終わりではありません。今度はその弁当を世に広めるミッションが生まれる。それを次のステップとしてきちんとやらないと、何のためにモテたいのかということになってしまいます。

だからビジネスの場合、「誰に」モテるかと同時に、「何のために」モテたいかがないとダメだと思います。

先程の例で言うと、単に「セブン－イレブンにモテたい」ではなく、「世の中の多くの人にお弁当を届けて幸せにするため、セブン－イレブンにモテたい」という発想を持つべきです。

僕がガストとコラボさせてもらった理由の一つに、ガストはファミリーレストランの中で日本一店舗数が多いからというのがありました。つまり、それだけ多くの人に、幸せを届けられるからです。

「目的」はそれだけではありません。去年の4月に自社でファミリーレストランを出店しました。場所は原宿の交差点。

コンセプトは、「クリエイターが集まるファミリーレストラン」。

あのあたりには以前、青山デニーズのほか、デザイナーやフォトグラファーなどクリエイターの集まるファミレスがありましたが、今はもうありません。だから、狙い目だと思いました。

昔はクリエイターが、夜な夜なあそこで、原稿や企画書を書いたりしていました。

時代が変わって、今はみんなノートパソコンで仕事をするようになった。

だからまず、一番重視したのが、テーブルの広さ。パソコンを置いても料理を置けるスペースがあること。それからソファ席はコンセントが付いていること。「仕事をしながらおいしいご飯が食べられるんだ。行ってみたいな」という層をターゲットにしました。

ファミリーレストランでテーブルにコンセントがあるところは、まだまだ少ない。

僕の地元、埼玉県戸田市のびっくりドンキーにはテーブルにコンセントがあるのですが、僕はよくそこで、夜中にパソコンで仕事をします。コンセントがあるから、そこで食事しながら仕事をしようと思う。

ドリンクバーはあえて設けませんでした。「いい空間、いい音楽、おいしい料理を提供するから、飲み物は頼んでね」ということです。「誰にモテるか」を決めていることで、自ずと出てくる発想です。これが地方だったら、ドリンクバーがないと、お客さんは来てくれない。でも、原宿のクリエイターがターゲットだと、発想が違ってくる。

また、著名な建築家に内装をお願いしたので、店の作りはおしゃれ。そして料理もおいしいときたら、選ばれない理由はないと思います。「これが一番モテる」、それを詰め込んだのが僕たちの店、『FAMiRES』です。

新しい出会いをビジネスにつなげる

僕にはまた新しい仕事のオファーがいろいろ来ています。そのうちの一つをお話ししましょう。

高野《たかの》雅彰《まさあき》さんという、節水ノズルを作っている人がいます。レストランチェーンにおけるノズルのシェアを80％近く占めていて、フォーブスでも取り上げられた大注目の人。

その節水ノズルを水道の蛇口に取り付けると、洗剤を使わずに水だけで油汚れも落ちてしまう。ただ動物性の脂は、ちょっと難しいみたいです。高野さんは、サウジアラビアやヨルダンのような、年中水不足の国とは、国全体と取引しているすごい人です。

先日その高野さんがたまたまうちの店に、ご飯を食べにきてくださった。その時話したのですが、高野さんは、自分と僕が考えていることが一緒だと思ったようで、世界展開を一緒にやらせてくださいとおっしゃったのです。

高野さんは今、日本中の天才を集め、アイデアを生む会社を作っているそうです。大企業などに、これをやったら売れるというアイデアを提案する会社だと言います。つまり、0から1を生む会社です。

彼の作っているノズルを使うと、最大95％も節水できてしまう。普通の水道の蛇口だと、1か所にしか水が落ちない。でもそのノズルを付けると、マシンガンみたいな勢いで、広く水を散らすから、少量、かつ短時間で、汚れが落ちてしまう。高野さんはそのノズルを開発して特許を取り、しかも誰も真似できないため、完全に一人勝ちらしいのです。

高野さんの発想は、それにとどまりません。そこから派生して、皿などいろんな他の商品を考えて、どんどん領域を広げようとしています。僕はその話を聞いて、「すごいですね。それって、Appleや無印良品と同じじゃないですか」と言うと、高野さんは「何でわかるんですか」とすごく驚き、それで意気投合したのです。

高野さんは僕に、海外で一緒にレストランをやりましょうと言ってくれているので、僕も大いに意気が上がります。ニューヨークなど、食に対する意識の高い街で立ち上げたら、とても面白いと思います。

ピンチでも焦らず、自分の本質に立ち返ると、自ずと風向きは変わってきます。それはそういうブレない姿勢が、何か新しいことに取り組もうとしている人に刺さるからだと思います。

僕は何かをやりたいと思ったら、僕以上にそう思っている人はいないから絶対できると思い、そこから行動をスタートさせます。そしていろんな行動を続けるうちに、必ず思いはかないます。

それは僕が料理の世界に入って、右も左もわからない頃からそうでした。当初はかなりの無茶をしましたが、僕は働きたいと思った店すべてで働きました。僕の行動を支えていたのは、自分ほどやる気のある奴はいないという気持ちでした。

結局どんなことでも、それを本当にやりたいかどうかがすべてです。すべては自分の中にある。僕はそう考えます。外的要因は、全く関係ないと僕は思います。

僕は皆さんにもぜひ、本当にやりたいことがあるのなら、まずできると思ってもらいたい。もしできないのなら、そこまでやりたくなかったということなのだと思います。

見城さんはこんな言葉を僕にくれました。

「大事なのは『できるか、できないか』じゃない。『やるか、やらないか』だ」

まさにその通りだと思います。この言葉を胸に、僕は日々、仕事に励んでいます。

あとがき

本書で僕は、「モテる」というキーワードを軸に、ビジネス論を語りました。

従来のビジネス論は、ともすれば杓子定規になりがちだったり、観念的すぎたりで読んでも実感に乏しい印象がありました。

それを避けるため、僕は「モテる」という非常に人間臭く、俗っぽいワードを取り入れることで、皆さんに実感を持ってもらえるよう心がけました。

実際ビジネスは、とても人間臭いものです。

なぜならビジネスは、人と人が行うものだからです。人と人の間に動くもので、一番大きなものは、感情や気持ちです。そしてビジネスで成功するため、一番大事なのは相手の気持ちをつかむことです。

そう考えると、僕が今回ビジネス論に「モテる」という切り口を用いた理由が、わかっていただけると思います。

人に「モテたい」という気持ちは、誰でも非常に強いものです。それと同じくらい強い気持ちを、仕事にも注いでください。

実際「モテ」始めると、どんどんビジネスに新しい広がりが生まれていきます。

例えば、ある企業にプレゼンし、結果「モテ」て、仕事が決まる。

そして、次はその企業が「モテる」ように、アイデアを出して、その仕事を成功させる。

仕事が成功したら、その結果を見た他の企業が、また僕たちに仕事の依頼をしてくれる。

そういう「モテ」の連鎖を作っていくことが大事なのです。

また、「モテ」は社内のマネージメントにおいても重要な要素となります。

例えば僕の場合だと、うちのスタッフに「モテる」ことも必要です。

僕がスタッフに「モテ」れば、当然彼らのモチベーションは上がる。彼らはお客さんによりよいサービスを提供しようとするので、それがお客様からの「モテ」に広がっていきます。

僕一人だけが「モテる」よりも、スタッフ全員＝チームで「モテる」方が、会社にとって、より大きな効果を生むのは言うまでもありません。

「外側」のお客様だけでなく、「内側」のスタッフにもしっかり「モテる」。そして、それが成功への何よりの近道であることを、僕は経験からよく知っています。


また、本書を読み終えた皆さんに、今一度胸に刻んでほしいことがあります。

それは、「モテる」を目的（ゴール）ではなく、手段として捉えること。

目的は達成すれば、そこで終わりです。

一方「手段」は、それがビジネスで効果を生む限り、終わりはありません。

もちろん「モテない」人は「モテる」ことが、まずは目的になるでしょう。そういう人が「モテる」ようになった時の喜びは、僕自身、痛いほどわかります。

でも「モテた」からといって、諸手《もろて》を挙げて大喜びしてしまうと、後が続かないことがよくあります。

大事なのはその先、つまり「モテ続ける」こと。「モテる」を目的にすると、達成感は大きくても、継続がおぼつかなくなります。

そのことは、僕のいる飲食の世界に限らず、ビジネス全般に言えることです。

せっかく成功しても、次にしっかりした手を打たなければ、たちまちその人や企業は衰退してしまいます。言うまでもなく、成功は一時的なものでは意味がありません。「よし、モテた」――そういう瞬間は、あくまでスタートなのです。それを継続し成功したあとに、最高の幸せが得られるからです。

本書での僕の提案を実践してもらえれば、必ず成功への道が開けます。そして成功し、それを継続できた時の何物にも代えがたい幸福感を、僕は保証します。

鳥羽周作

（とば・しゅうさく）

レストラン「sio」オーナーシェフ

sio株式会社 代表取締役。Jリーグクラブの練習生、小学校の教員を経て、31歳で料理の世界へ。2018年「sio」をオープン。同店は、「ミシュランガイド東京」に2020年から6年連続で掲載。現在、「sio」「sio Aoyama」「o/sio」「o/sio FUKUOKA」「㐂つね」「ザ・ニューワールド」「おいしいパスタ」「NAGANO」「FAMiRES」と9店舗を展開。書籍、YouTube、SNSで公開するレシピや、フードプロデュースなど、レストランの枠を超えて様々な手段で「おいしい」を届けている。モットーは『幸せの分母を増やす』。

モテる仕事論

2025年1月10日　第1刷発行

著　者　鳥羽周作

発行人　見城 徹
編集人　森下康樹
編集者　高部真人

発行所　株式会社 幻冬舎
〒151-0051 東京都渋谷区千駄ヶ谷4-9-7
電話 03(5411)6211(編集)
03(5411)6222(営業)
公式HP：https://www.gentosha.co.jp/

印刷・製本所　錦明印刷株式会社

検印廃止

ISBN978-4-344-04380-0 C0095

この本に関するご意見・ご感想は、
下記アンケートフォームからお寄せください。
https://www.gentosha.co.jp/e/